AF567355

Joel R. Beeke & Diana Kleyn

Wie Gott zur Rettung einen Hund schickte

Joel R. Beeke & Diana Kleyn

Wie Gott zur Rettung einen **Hund** schickte

und andere Andachtsgeschichten

betanien

Die Bibelzitate folgen in der Regel der Schlachter Version 2000, gelegentlich auch der Übersetzung von Hermann Menge sowie der revidierten Elberfelder Bibel.

4. Auflage 2022

Originaltitel: How God Sent A Dog To Save A Familiy. Building on the Rock Series Vol. 5

Veröffentlicht bei Christian Focus Publications Ltd., Schottland

Imkerweg 38 · 32832 Augustdorf
www.betanien.de · info@betanien.de
Übersetzung: Joachim Schmitsdorf
Redaktion: Hans-Werner Deppe
Satz: Betanien Verlag
Cover: Sara Pieper mit einem Bild von Jeff Anderson
Illustrationen: Jeff Anderson
Druck: drusala.cz

ISBN 978-3-935558-35-8

Inhalt

Wie man dieses Buch verwendet

Alle Geschichten in dieser Buchreihe basieren auf tatsächlichen Ereignissen, von denen die meisten in früheren Jahrhunderten geschehen sind. Wir haben sie aus verschiedenen Quellen entnommen und sie in kindgerechter Sprache nacherzählt. Viele von ihnen liegen hier erstmals in gedruckter Form vor; andere wurden (auf Englisch oder Niederländisch) vor einigen Jahrzehnten schon einmal veröffentlicht, allerdings ohne die hier beigefügten Fragen und Anregungen für Andachten.

Die Geschichten in diesem Buch und in den anderen Bänden der Reihe »Auf Fels gebaut« legen allesamt nachdrücklich den Schwerpunkt auf die biblische Botschaft der Errettung. Sie sind für mehrere Zwecke ideal geeignet.

Geschichten für Andachten

Diese Geschichten können für die persönliche Andacht eines Kindes oder im Rahmen der Familienandacht benutzt werden.

Jede Geschichte beinhaltet mindestens eine Bibelstelle oder verweist darauf. Am Ende jeder Geschichte wird eine Schriftstelle genannt, die auch im Rahmen der persönlichen oder der gemeinsamen Bibellese in der Familie verwendet werden kann. Viele Geschichten enthalten weitere Bezüge auf die Bibel; manche enthalten weitere Verse, die man ebenfalls nachlesen kann.

Am Ende jeder Geschichte stehen Fragen, die zum Überdenken, Verinnerlichen und Anwenden des Gelesenen und Gelernten helfen. Diese Fragen kann ein Kind entweder allein für sich beantworten und die richtigen Antworten am Ende des Buches nachschlagen, oder – wofür sich die Fragen besonders gut eignen – sie können in der Familie oder Gruppe besprochen werden. Manche Fragen haben auch keine vorgegebene Antwort, sondern regen zum gemeinsamen Gespräch an.

Außerdem werden je zwei »Anregungen zum Gebet« vorgeschlagen. Sie sind nicht als vorformuliertes Gebet gedacht, sondern sollen als Hilfe für das persönliche Gebet dienen. Sie können dem Kind oder der Familie helfen, über Themen nachzudenken, die mit der Geschichte zu tun haben und sollen ihnen verdeutlichen, wo Gebet nötig ist – sei es für sich persönlich, für andere, für die Gemeinde oder für die Welt. Der jeweils erste der zwei Gebetsvorschläge richtet sich an diejenigen, die bereits bekehrt und wirklich gläubig sind (mit ✶ markiert). Der zweite Gebetsvorschlag hingegen soll Noch-nicht-Bekehrte (aber auch Christen) anleiten, um Vergebung, Errettung und Erlösung von der sündigen Natur zu beten oder auch Gott für seine Gnade und das Geschenk des Heils zu danken (mit ❖ markiert).

Am Ende jeder Geschichte stehen zudem Fragen, die zur Diskussion anregen. Man kann sie auf sich persönlich beziehen oder auf eine entsprechende Bibelstelle. Die Antworten auf die direkt gestellten Fragen werden am Ende des Buches aufgeführt. Ebenfalls am Ende des Buches findet sich ein Bibelstellenverzeichnis. Zu jeder Kapitelnummer sind dort die Bibelstellen genannt, die in dem Kapitel vorkommen. Dies schließt die Bibelstellen innerhalb der Geschichte ein sowie die Abschnitte mit den Fragen und der Schriftlesung.

Unterweisung von Kindern

Wie die oben genannten Anwendungsmöglichkeiten ist auch die folgende von besonderem Nutzen für alle, die Kinder in der Gemeinde, der Sonntagsschule, Kinderstunden usw. unterrichten. Im fünften und letzten Band dieser Reihe finden Sie ein Schriftstellenverzeichnis für die ganze Reihe in Anordnung der biblischen Bücher. Dort können Sie nachschlagen, auf welche Bibelstellen in welchen Bänden in welchem Kapitel eingegangen wird, sei es in den Erzählungen, in den Fragen oder Schriftlesungen.

Außerdem enthält der Anfangsteil jedes Bandes zwei Listen mit den besonders kurzen und den besonders langen Erzählungen. Dies dürfte vor allem für diejenigen hilfreich sein, die bei der Vorbereitung von Andachten oder Unterricht auf einen bestimmten zeitlichen Rahmen achten müssen.

Ⓚ Kürzere Erzählungen

Die folgenden Erzählungen sind relativ kurz. Man kann sie daher für kurz bemessene Familienandachten, Kinderstunden usw. benutzen.

1. Eine Predigt für einen und doch für viele
3. Connies Küken
4. Das Evangelium inmitten der Pest
5. Alles – sogar Kohle!
7. Gott ist real
9. Gott lebt
11. Gott sorgt für einen kleinen Jungen
13. »Unser Vater im Himmel«
19. Der mutige kleine Schuhputzer
25. Das Gebet des kleinen Kaminkehrers

L Längere Erzählungen

Die folgenden Erzählungen sind relativ lang. Man kann sie also bei solchen Familienandachten und Kinderstunden usw. benutzen, für die mehr Zeit zur Verfügung steht.

8. Jacks Dankbarkeit
10. Johannes Brenz – der Reformator von Württemberg
12. Marthas Rabe
15. Der kleine Kaminkehrer
18. Roberts Rache
21. Tom und Tiger
22. William, der afrikanische Sklave
26. Willies Krankheit

Die hier nicht aufgelisteten Geschichten sind von mittlerer Länge.

Teil 1

Gottes Fürsorge

1. Eine Predigt für einen und doch für viele

Der junge Pastor Branner war Prediger in einem Dorf in England. Einmal hatte er einem anderen Pastor versprochen, an einem Sonntag in dessen Dorfgemeinde zu predigen, als dieser Pastor verhindert war. Als der Sonntag kam, tobte draußen ein eiskaltes Unwetter; es war bitterkalt und höchst ungemütlich. Es war mitten im Winter und die Straßen waren tief verschneit, so dass Pastor Branner nur schlecht vorankam. Trotzdem trieb er sein Pferd durch die Schneewehen. Er stellte das Tier im Schuppen neben der Kirche unter und betrat die Kirche. Sie war noch vollkommen leer, kein Mensch war da. Der junge Prediger sah sich um und setzte sich auf seinen Platz hinter der Kanzel. Bald darauf ging die Tür auf. Ein junger Mann von etwa 20 Jahren schritt durch die Reihen, sah sich um und nahm Platz. Jetzt war es Zeit, dass der Gottesdienst beginnen sollte; aber es war nur ein einziger Zuhörer da.

Der Pastor fragte sich, ob er für ein so kleines Publikum überhaupt predigen sollte. Er entschied aber, dass es seine Pflicht ist zu predigen. Er hätte kein Recht sich zu weigern, weil nur ein einziger Mann sie hören würde. So hielt er denn den ganzen Gottesdienst ab: Er betete, sang, predigte und sprach den Segen – vor nur einem einzigen Hörer. Als er fertig war, stieg er von der Kanzel herab und wollte mit dem Kirchenbesucher sprechen, aber der war schon fort.

Zwanzig Jahre später wurde der Pastor wieder an diese Begebenheit erinnert, und zwar folgendermaßen:

Als Pastor Branner auf einer Reise war, stieg er eines Tages in einem hübschen Dorf aus der Kutsche. Ein Herr kam ihm entgegen und sagte: »Guten Morgen, Pastor Branner!«

»Ich kann mich leider nicht an Sie erinnern«, sagte der Pastor.

»Wohl kaum«, antwortete der Fremde; »aber wir verbrachten einmal zusammen zwei Stunden allein in einer Kirche, als draußen ein Unwetter wütete.«

»Daran erinnere ich mich nicht«, erwiderte Pastor Branner. »Sagen Sie, wann war das?«

»Erinnern Sie sich daran, wie Sie vor zwanzig Jahren in einer Dorfkirche vor nur einem einzigen Zuhörer gepredigt haben?«

»Ja, genau!«, sagte der Pastor und ergriff die Hand seines Gesprächspartners. »Klar, ich erinnere mich, und wenn Sie dieser Mann sind, dann war es seitdem mein Wunsch, Sie kennenzulernen!«

»Ich bin dieser Mann, mein Herr; und Gott hat diese Predigt benutzt, um mich zu retten. Ich wurde sogar selber ein Verkündiger des Evangeliums; dort drüben ist meine Kirche. Aufgrund Ihrer Predigt damals, mein Herr, wurde nicht nur ich, sondern in der Folge auch viele andere bekehrt.«

Frage: Warum entschied sich Pastor Branner, den Gottesdienst zu halten, obwohl nur ein einziger Zuhörer da war?

Schriftlesung: Apostelgeschichte 9,1-19

Anregungen zum Gebet:

✶ Bitte Gott, die Prediger zu ermutigen. Bitte ihn, sie vor Sünde und Versuchung zu bewahren.

❖ Bitte Gott, dass du zuhörst, wenn sein Wort verkündigt wird, weil es die Botschaft der Liebe Jesu für Sünder ist. Bitte Gott, dir Herz und Ohren zu öffnen, damit du auf ihn hörst.

2. Wie Gott zur Rettung einen Hund sandte

Mrs. Miller seufzte und blickte ihre Kinder traurig an. »Es tut mir leid, aber wir haben nichts zu essen. Ihr müsst heute ohne Abendbrot zu Bett gehen.«

»Bist du sicher, Mami? Haben wir wirklich gar nichts mehr?«, jammerte Milly, die jüngste Tochter.

»Wir haben nichts, Schatz. Ich bringe dich jetzt ins Bett. Los, Emma, Alex; ab nach oben ins Schlafzimmer!«

Als die Kinder im Bett lagen, saß Mrs. Miller in der Küche und las in der Bibel. Sie war eine Witwe, die den Herrn von Herzen fürchtete. Es war nicht einfach, ihre Familie mit Essen zu versorgen, aber sie hatte bisher immer wieder die Erfahrung gemacht, dass der Herr ein »Vater der Waisen und ein Helfer der Witwen« ist (Psalm 68,6).

Mrs. Miller kniete an ihrem Stuhl nieder und schüttete ihr besorgtes Herz vor ihrem gütigen Gott aus. Sie beklagte sich nicht darüber, wie der Herr sie führte. Gott hatte ihr in seiner Gnade die Fähigkeit geschenkt, dass sie sich seinem Willen ergeben konnte. Sie bat den Herrn, er möge ihre Kinder gut schlafen lassen, ohne Hunger zu leiden, und Gott erhörte ihr Gebet. Sie schliefen alle tief und fest.

Am Morgen aber knurrte den Kinder der leere Bauch. Bald war es an der Zeit, zur Schule zu gehen. Wie konnte Mrs. Miller sie hungrig in die Schule schicken? Sie wusste nicht, was sie tun sollte. »O Herr«, seufzte sie, »hilf uns bitte in deiner Güte noch einmal. Du siehst und kennst all unsere Not.«

»Mama, haben wir immer noch kein Brot?«, fragte Alex.

»Noch nicht, und wir haben auch kein Geld mehr. Ich weiß nicht wie, aber der Herr wird uns helfen. Beim Herrn ist Hilfe.«

Die Kinder schwiegen. Obwohl sie sehr hungrig waren, beklagten sie sich nicht.

»Kommt, Kinder«, sagte Mrs. Miller. »Lasst uns niederknien und zusammen dem Herrn all unsere Not sagen. Wir werden ihm sagen, dass ihr zur Schule gehen müsst und dass wir nichts zu essen haben. Er weiß das, aber er will, dass wir ihn um diese Dinge bitten.« Dann schüttete die Mutter wieder ihr Herz im Gebet aus. Durch den Glauben konnte sie den Herrn anflehen, seine Verheißung zu halten, dass er für sein Volk sorgt.

Mrs. Miller war dabei so sehr ins Gebet vertieft, dass sie gar nicht bemerkte, was um sie herum geschah. Emma jedoch hörte ein Kratzen an der Hintertür. Schließlich stand sie auf und schlich auf Zehenspitzen aus dem Raum. Als sie vorsichtig die Tür öffnete, verschlug es ihr vor Staunen die Sprache. Dort stand ein Hund mit einem Korb im Maul. Im

Korb lagen drei Laib Brot! Der Hund ließ den Korb auf die Fußmatte fallen, als ob ihm befohlen worden war, genau das zu tun.

Als die anderen Millers merkten, dass etwas an der Tür vor sich ging, kamen sie angerannt. Was dann im Herzen der Witwe vorging, kann man mit Worten gar nicht beschreiben. Sie wusste sofort, dass Gott ihr Gebet erhört und dies so geführt hatte. Freudiger Lobpreis auf Gott klang bald danach aus dem Haus der Millers.

Im Alten Testament hatte der Herr einmal Raben mit Speise zu dem Propheten Elia gesandt. In dieser Geschichte hatte er einen Hund benutzt, um einer betenden Witwe und ihren drei Kindern Brot zu senden. Es ist wirklich wahr, der Gott Elias lebt! »Wohl dem, dessen Hilfe der Gott Jakobs ist, dessen Hoffnung ruht auf dem HERRN, seinem Gott!« (Psalm 146,5).

Frage: Wie ging Mrs. Miller mit ihrem Problem um? Kennst du noch andere Bibelstellen, wo steht, dass Gott über die Tiere herrscht und sie lenkt? Welche Tiere werden in 4. Mose 22,21-35 und Hiob 39 und 41,1-11 erwähnt? Beachtet bei den Bibelstellen der Schriftlesung, auf welch unterschiedliche Weise Gott sein Volk mit Nahrung versorgt!

Schriftlesung: 1. Könige 17,1-6; 2. Könige 4,1-7; 4,42-44

Anregungen zum Gebet:

- ✶ Danke Gott dafür, dass er dich mit Essen und Trinken versorgt. Danke ihm dafür, dass er weiß, wie es ist, ein Mensch zu sein, und dass auch er Durst hatte, als er am Kreuz so sehr für Sünder litt.
- ❖ Bitte Gott, dir einen Hunger und Durst nach ihm und seinem Wort zu schenken. Bete, dass du Verlangen nach ihm hast, anstatt irdische Dinge und Besitz zu begehren.

3. Connies Küken

Ein kleines Mädchen namens Connie lebte auf dem Land. Nicht weit von ihrem Zuhause stand eine große alte Scheune. Dort hatte Connie eine eigene Henne, und als diese Henne sieben kleine Küken ausgebrütet hatte, gehörten auch die Connie.

Als Connie eines Abends gerade zu Bett ging, fing die alte Scheune plötzlich Feuer. Connie sah das helle Licht durch die Bäume hindurch flackern und im Nu brannte die ganze Scheune lichterloh.

Connies kleine Schwester begann sofort zu schreien und zu weinen, als sie das Feuer sah. Connie weinte auch, denn sie musste an ihre Henne und die kleinen Küken denken. Da hatte sie eine Idee. Sie lief in ihr Schlafzimmer, kniete an ihrem Bett nieder und betete ein schlichtes Gebet: »Lieber Vater im Himmel, bitte lass meine Hühnchen nicht verbrennen! Bitte schütze und bewahre sie! In Jesu Namen, amen.«

Der Herr Jesus hat selbst einmal gesagt: »Bittet, und es soll euch gegeben werden.« Und in seiner Güte erhörte er auch dieses Gebet für die kleinen Hühner. Niemand hat je erfahren, wie sie es schafften, aus der brennenden Scheune zu entkommen; aber als Connie am nächsten Morgen hinausging, um sich die qualmenden Überreste der Scheune an-

zusehen – stellt euch nur vor, was da geschah: Wie sehr freute Connie sich, ihre Henne zu sehen – sie gackerte und scharrte im Boden herum, und ihre sieben kleinen Küken waren alle sicher und unversehrt bei ihr!

Wenn Jesus Connies Gebet erhört und ihre kleinen Küken aus der brennenden Scheune gerettet hat, dann können wir erst recht sicher sein, dass er auch arme Sünder wie uns erhört, wenn wir ihn bitten, uns vor dem Feuer der Hölle zu retten, das nie erlischt.

Frage: Hast du Jesus schon gebeten, dich vor der ewigen Strafe für deine Sünden zu retten?

Schriftlesung: Matthäus 10,27-31

Anregungen zum Gebet:

✶ Danke Jesus Christus dafür, wie gerne er Sünder rettet und dass er sein Volk beschützt und bewahrt, wie eine Henne ihre Küken unter ihren Flügeln schützt.

❖ Bitte Gott, dass er dir klarmacht, wie gefährlich die Sünde und ein Leben ohne Christus sind. Bitte ihn, dich von Gefahren fernzuhalten und dich zu ihm zu führen.

4. Das Evangelium inmitten der Pest

Im Jahre 1665 wurde London von der schrecklichen, sehr ansteckenden Krankheit namens Pest heimgesucht. Kein Arzt konnte von Pest heilen oder auch nur das Geringste tun, um das Leiden der Kranken zu lindern. Weil die Pest so ansteckend war, versuchten die Leute, wenn irgend möglich die Stadt zu verlassen, um sich nicht mit dieser furchtbaren Krankheit zu infizieren.

Pastor Thomas Vincent lebte zu dieser Zeit in London. Er leitete keine Gemeinde, sondern war Lehrer in einer Schule. Als er erfuhr, dass die Pest in London grassierte, schloss er die Schule. Er entschied sich, die schulfreie Zeit zu nutzen und die Kranken zu besuchen, um so vielen Leuten wie möglich vom Herrn Jesus Christus zu erzählen. Die meisten Pastoren waren schon geflüchtet, und Pastor Vincents Freunde und Verwandte versuchten, auch ihn zum Weggehen zu überreden. Sie redeten auf ihn ein, es sei zu gefährlich, und er solle sich nicht absichtlich einer so großen Gefahr aussetzen.

Doch Pastor Vincent weigerte sich zu gehen. Er war überzeugt, dass es Gottes Willen war, in London zu bleiben. Er vertraute darauf, dass Gott ihn, wenn er wolle, vor der Pest beschützen könne. Pastor Vincent war bereit, bei der Verkündigung des Evangeliums unter den Kranken zu sterben, wenn das der Wille Gottes sein sollte.

So blieb er also in London. Er predigte in einigen Kirchen. Die Leute waren sehr froh, ihn zu hören, weil so viele Prediger geflohen waren. Viele Leute hatten keine Verwandten außerhalb von London und konnten es sich nicht leisten, ein Hotel oder eine Herberge in der Umgegend zu bezahlen. Sie hatten keine andere Wahl, außer in London zu bleiben – und sie hatten schreckliche Angst. Scharen von Menschen strömten in die Kirchen.

Der Tod war überall gegenwärtig. Die Geschäfte hatten geschlossen. Jeden Tag erkrankten immer mehr Leute und jeden Tag starben mehr und mehr. Pastor Vincent besuchte unaufhörlich die Kranken, las ihnen aus der Bibel vor und sprach zu ihnen und ihren Familien darüber, wie sie sich darauf vorbereiten sollten, zu sterben, Gott zu begegnen und vor dem Gericht über Himmel und Hölle zu stehen.

Während dieser schrecklichen Zeit starben fast 70.000 Menschen in London an der Pest. Sieben Familienangehörige von Pastor Vincent starben. Aber Gott verschonte Pastor Vincent. Er wurde während dieser gesamten Zeit nicht eine einzige Stunde krank. Er vertraute seinem Gott und tat das Werk, zu dem der Herr ihn berufen hatte. Gott schützte ihn vor der Gefahr. »Wer auf den HERRN vertraut, ist in Sicherheit« (Sprüche 29,25b).

Frage: Wozu nutzte Pastor Vincent die Zeit, nachdem die Pest ausgebrochen war?

Schriftlesung: Psalm 91

Anregungen zum Gebet:

* Bitte Gott, dich bereit zu machen, für ihn auch Schwieriges zu tun und auch unter Verfolgung zu ihm zu stehen.
* Danke Jesus Christus dafür, dass er bereit war, für seine Erwählten zu sterben und für Sünder zum Sündenträger wurde, obwohl er selbst nie gesündigt hatte. Bitte ihn, deine Sünden wegzunehmen und dich von bösen Wegen abzubringen.

5. Alles – sogar Kohle!

Vor vielen Jahren war es üblich, dass die Leute ihre Häuser mit Kohle heizten. Manchmal gab es im Winter in Großbritannien nicht genug Kohle für alle Haushalte. Die Arbeiter in den Bergwerken schafften es nicht, genug Kohle zu fördern; darum war Kohle nur sehr schwer erhältlich.

In einem solchen Winter stand auch Mrs. Scott, eine freundliche Christin, vor dem Problem, Kohle zu bekommen.

Es war Samstagmorgen; der Sonntag stand vor der Tür und der Pastor würde eine vorbereitende Predigt zum Abendmahl halten, das eine Woche später stattfinden sollte (in diesen Kirchen wurde das Abendmahl nur etwa einmal im Monat gefeiert). Sie wusste, dass viele Gläubige sie im Laufe der Woche besuchen kommen würden, um in Vorbereitung auf das Abendmahl über den Herrn und sein Wort zu sprechen. Sie liebte diese Abende. Diesmal aber war sie sehr besorgt. Sie brauchte Kohle, um ihr Haus zu heizen.

Sie sagte sich: »Ich werde nach dem Frühstück zum Kohlenhändler in die Stadt gehen.« Doch zuerst bat sie Gott, ihr zu helfen, und sie brachte ihm ihre ganze Not vor.

Nach dem Frühstück zog sie ihren warmen Wintermantel an und trat hinaus in den kalten Januar-

morgen. Sie summte unterwegs ein Lied, denn sie war sicher, dass der Herr ihr helfen werde.

Als sie aber zum Geschäft des Kohlenhändlers kam, erlebte sie eine böse Überraschung. Dort war ein anderer Mann als sonst. Er war unfreundlich und sagte ihr rüde: »Vergessen Sie's. Heute gibt's keine Kohlen. Versuchen Sie's nächste Woche wieder.«

Nachdenklich verließ Mrs. Scott das Geschäft. Sie war sehr enttäuscht. Als sie heimkam, fiel sie sofort auf die Knie und betete zu dem, der gesagt hat: »Alles ist euer« (das steht in 1. Korinther 3,22). Wie ein Kind betete sie schlicht und voll Vertrauen: »Ach Herr, es geht um das Wohlbefinden deines Volkes. Willst du nicht helfen? Sorgst du denn nicht sogar für die kleinen Spatzen? Ach, bitte versorge doch mich und deine Kinder mit Kohlen.«

Spät am Nachmittag hörte Mrs. Scott ein lautes Rumpeln hinter ihrem Haus. Rasch zog sie ihren Mantel an und ging hinaus um zu sehen, was geschehen war. Zu ihrem Erstaunen sah sie, dass jemand eine Ladung Kohlen in ihren Kohlenkeller geschüttet hatte, doch wer immer sie auch geliefert hatte, war verschwunden. Verblüfft ging sie ins Haus zurück und versuchte herauszufinden, wer die Kohlen gebracht haben könnte. Kurze Zeit später hörte sie ein Klopfen an der Tür. Draußen standen zwei offenbar sehr verlegene Kohlenlieferanten.

»Es tut uns sehr leid, Madam«, sagte einer von ihnen. »Wir haben die Kohlen in Ihren Keller geschüttet, aber wir haben uns in der Adresse geirrt. Wenn Sie möchten, Madam, können Sie sie bezahlen und behalten; ansonsten können wir sie auch wieder mitnehmen.«

Mrs. Scott lächelte froh. »Ich bezahle sie gerne. Sie haben wirklich überhaupt keinen Fehler gemacht. Sie haben sie genau zum richtigen Haus in der richtigen Straße gebracht! Gott, der im Himmel herrscht, hat es so für mich eingerichtet.«

Die Männer schauten verwirrt und zuckten die Schultern. Aber Mrs. Scott wusste: Gott hatte die Kohle zu ihr gesandt. Sie war gesegnet worden, weil sie auf das Gebot geachtet hatte: »Sorgt euch um nichts, sondern lasst in jeder Lage eure Anliegen durch Gebet und Flehen verbunden mit Danksagung vor Gott kund werden!« (Philipper 4,6).

Frage: Warum ließ Gott es wohl zu, dass Mrs. Scott von dem Kohlenhändler zuerst abgewiesen wurde?

Schriftlesung: Matthäus 6,26-34

Anregungen zum Gebet:

✶ Bringe deine Anliegen vor Gott. Sage ihm, was dir Sorgen macht, und danke ihm für seine Liebe und Macht, in Zeiten der Not zu helfen.

❖ Danke Gott dafür, dass er Sünder hört und dir alles geben kann, was du brauchst. Bitte ihn, dir zu zeigen, was du am meisten brauchst: Errettung und Befreiung von der Sünde.

6. Fliegendes Brot

Die Kinder Wilsie und Waylo saßen schlotternd in ihrer Hütte. Ein grimmiger Wind peitschte Eis und Schnee von oben durch den Rauchabzug herein.

»Wir können es ruhig zugeben«, jammerte Halona, die Großmutter der Kinder: »Wir werden verhungern.«

Die drei Indianer drängten sich um das kleine Feuer zusammen. Es brannte nur schlecht, denn das Holz war nass. Dicke Rauchschwaden brannten ihnen in den Augen.

»Ich habe gerade erst wieder zehn von unseren Schafen gefunden; sie sind tot«, sagte Waylo traurig.

»Zehn weitere?«, schrie die alte Frau. »Noch bevor die Woche um ist, sind sie alle vor Hunger und Kälte umgekommen. Dann wird es nichts mehr zu essen für uns geben.« Sie schloss die Augen und begann in ihrer Muttersprache ein Gebet zu einer indianischen, heidnischen Gottheit zu singen.

»Großmutter«, unterbrach sie Wilsie, »wir haben immer noch ein wenig Mehl. Ich kann daraus zwei oder drei Laib Brot backen. Wenn wir pro Mahlzeit jeder eine Scheibe essen, wird das für etwa vier Tage reichen.«

»Und dann?«, knurrte Waylo.

»Bis dann, denke ich, wird Gott uns Hilfe senden«, antwortete Wilsie zuversichtlich.

Waylo lachte bitter auf. »Wenn ich zum weißen Mann reiten könnte, um Hilfe zu holen, dann könnte Gott uns vielleicht helfen. Aber jetzt, da mein Pony tot ist, sitze ich hier fest. Großmutter hat Recht, Wilsie. Wenn es der Wille der Götter ist, dass wir sterben müssen, bin ich bereit.«

Großmutter kniete neben dem Feuer nieder und fachte die schwachen Flammen an. Es würde noch Stunden dauern, bis die Lammkoteletts gar wären. Waylo versuchte, nicht daran zu denken, wie gut das Fleisch schmecken würde.

Wilsie fegte den Schnee von einem alten Baumstumpf und nahm ihre Bibel dort heraus. Sie wollte, dass ihre Großmutter erfuhr, wer derjenige ist, der Hilfe von oben schicken kann. Wilsie war sicher, dass der Herr Jesus ihr Gebet um Essen erhören würde. Sie las aus 1. Könige 17 die Geschichte von Elia und den Raben vor.

»Als Elia hungrig war, sandte Gott Raben mit Essen zu ihm. Meint ihr nicht, dass Gott uns helfen wird, wenn wir ihm vertrauen?«

»Vielleicht, vielleicht«, sagte Halona nachdenklich. Wilsie bemerkte einen schwachen Hoffnungsschimmer in ihren Augen.

»Das würde ich gerne erleben«, dachte Waylo.

Der nächste Tag war bitterkalt. Noch mehr Schafe starben, weil sie schutzlos dem Wind ausgesetzt waren. Die toten Tiere standen stocksteif gefroren da wie Steinfiguren. Sie waren nicht einmal umgekippt.

»O Herr, unser Gott, sende uns Hilfe, damit wir nicht sterben! In Jesu Namen, amen!«, betete Wilsie.

»Schaut!«, schrie Waylo plötzlich und unterbrach Wilsies stilles Gebet. »Großmutter! Wilsie! Kommt heraus! Ein Flugzeug!«

Tatsächlich, sie konnten leise das Brummen eines Flugzeugs hören!

Wilsie zog ihren Mantel an und griff sich ihren roten Pullover. »Lasst uns ihnen zuwinken«, rief sie. »Vielleicht sehen sie uns!«

Die Kinder winkten und schrien aus Leibeskräften, ohne zu bedenken, dass die Piloten sie gar nicht hören konnten. Aber die Piloten hatten sie gesehen. Die Männer in diesem kleinen Flugzeug waren auf der Suche nach Indianern, die in genau einer solchen Notlage waren.

Halona beobachtete, wie das kleine gelbe Flugzeug steil herab auf ihre Hütte zuflog. Mit Tränen in den Augen sahen sie, wie stabile Säcke voll Mehl, Bohnen, Zucker und Trockenfrüchten aus dem Flugzeug geworfen wurden. Waylo blieb der Mund offen stehen, als eine Packung Speck dicht neben ihm herunterfiel. Wilsie sprang beiseite, um den Kaffee- und Rosinenpäckchen auszuweichen. Tatsächlich, es regnete Essen vom Himmel!

Halona schämte sich ihrer Tränen nicht, als sie die Nahrungsmittel einsammelte und in die Hütte brachte. Das würde bis zum Ende des Winters reichen. »Der Gott des weißen Mannes hat seinen Raben zu uns gesandt«, sagte sie und umarmte ihre Enkel.

Frage: Gott gab diesen drei Indianern ihren irdischen Lebensbedarf. Er kann das auch für euch tun, liebe Kinder; aber er kann euch auch das geben, was ihr für euer geistliches Leben braucht. Bittet ihr ihn darum?

Schriftlesung: 1. Könige 17,1-16

Anregungen zum Gebet:

✶ Danke Gott dafür, dass Missionare das Evangelium zu Menschen bringen, die noch nie die wunderbare Botschaft von Jesus Christus gehört haben. Bete, dass Gott noch mehr Missionare und Gemeindemitarbeiter beruft, für ihn zu arbeiten.

❖ Bitte Gott, dir zu helfen, deine Zweifel zu überwinden. Bring deine Bedürfnisse und Bitten vor den einzig wahren, allmächtigen Gott. Bitte ihn, aus dir einen reifen Menschen Gottes zu machen und dich durch Christi Blut von deiner Sünde reinzuwaschen.

7. Gott ist real

In einem Hospital lag ein kranker Mann auf seinem Zimmer. Oft stöhnte er vor Schmerzen auf. Die Krankenschwestern taten ihr Bestes, um sein Leiden zu lindern.

Als der Arzt kam, um ihn zu untersuchen, fragte er ihn, wie es ihm geht. Da fing der Mann an, fürchterlich zu fluchen. Das machte den Arzt sehr traurig. »Fluchen Sie nicht Gott ins Angesicht!«, sagte der Doktor. »Sie sollten vielmehr zu Gott beten, statt zu fluchen!« – »Ich glaube nicht, dass es einen Gott gibt!«, antwortete der Kranke verärgert. »Ich kann ihn weder sehen, hören, riechen noch ihn irgendwie spüren.«

Der Arzt schwieg einen Augenblick. Dann sagte er: »Mein Herr, ich glaube nicht, dass Sie Schmerzen haben. Ich habe Sie untersucht, aber ich kann keinen Schmerz finden. Ich kann bei Ihnen keinerlei Schmerz sehen, hören, riechen oder irgendwie spüren. Sie müssen mich anlügen.«

»Das ist nicht wahr!«, protestierte der Mann. »Ich weiß, dass mein Schmerz da ist, weil ich ihn ganz real spüre!«

»Wenn ich Ihnen das glauben soll«, entgegnete der Arzt, dann sollten Sie auch denen glauben, die die Bibel verfasst haben. Denn diesen Menschen hat Gott sich ganz real offenbart. «

Frage: Wie können wir Gott erkennen, obwohl wir ihn weder sehen, fühlen, hören oder riechen?

Schriftlesung: Psalm 115

Anregungen zum Gebet:

✶ Sage Gott, wie wunderbar er ist. Preise ihn für alles, was er dir an Gutem getan hat.

❖ Bitte Gott, dich vor Sünde zu bewahren und davor, seinen heiligen Namen zu missbrauchen. Bitte Gott, deinen Lebenswandel zu ändern, sodass dein Leben ihn ehrt.

8. Jacks Dankbarkeit

An einem kalten Winterabend, lange bevor das Auto erfunden wurde und die Menschen noch mit Kutschen reisten, hielt in einer Kleinstadt in England eine Kutsche an einer Poststation, um die Pferde zu wechseln. Eisige Böen wehten dem Posthalter Henry Williams entgegen, als er hinaustrat, um die müden Pferde in seinen Stall zu führen. Als er gerade den Pferden das Geschirr abnahm, betrat ein müder, zerlumpter Seemann namens Jack Willis den Stall. »Verzeihen Sie, Sir«, sagte der Seemann, »könnte ich vielleicht heute Nacht auf Ihrem Heuboden schlafen?«

»Nein! Nie soll mir einer wie du in meine Scheune kommen!«, antwortete Henry grob. »Und wenn du nicht sofort von hier verschwindest, wirst du großen Ärger bekommen!«

»Aber Sir! Vielleicht werden auch Sie irgendwann Hilfe brauchen. Und außerdem bin ich ein ehrlicher Mensch. Ich würde nie etwas nehmen, das nicht mir gehört, selbst wenn ich keine Schuhe hätte!«

»Nun, ich trau dir nicht weiter, als dass ich dich sehen kann. Nun verschwinde, oder ich werde dich …!«

Der arme Jack Willis wandte sich ab. Er war hungrig und sehr müde. Er hatte es schon an so vielen anderen Orten versucht, aber die Antwort war immer dieselbe. Niemand wollte einem Bettler helfen. Als er

nach draußen in die Dunkelheit zurückging, tippte ihm jemand leicht auf den Rücken. Jack drehte sich um und sah einen kleinen Jungen, der im Stall geholfen hatte. »Warten Sie!«, sagte der Junge leise. »Ich denke, ich weiß, wo Sie Hilfe bekommen. Gehen Sie einfach diese Straße weiter, bis Sie zum ersten kleinen Laden kommen. Dort ist Mrs. Smith, eine Witwe. Ich bin sicher, dass sie Sie in ihrem Holzschuppen schlafen lässt. Sie ist sehr freundlich und immer hilfsbereit, wenn jemand in Not ist.«

»Vielen Dank!«, antwortete Jack. Wie sehr freute er sich darüber! Es gab doch noch jemanden, der ein Herz für Menschen in Not hatte.

Jacks Schiff war erst vor zwei Tagen in den Hafen eingelaufen. Nachdem Jack an Land gegangen war, wurde er überfallen und man raubte ihm alles, was er besaß. Jetzt musste er sich auf seinem Weg nach London als Bettler durchschlagen. Und jedes Mal, wenn jemand sich weigerte, ihm Essen oder Obdach zu geben, tat ihm das zutiefst weh.

Jack ging schnell die Straße hinab. Sein Herz war voll Hoffnung; aber als er an dem Laden ankam, war die Tür schon verschlossen. Es war bereits sehr spät. Sollte er es wagen, Mrs. Smith zu stören? Jack zögerte. Aber er dachte daran, dass der Stalljunge ihm erzählt hatte, wie freundlich sie war. Sie schickte nie jemanden weg, ohne ihm zu helfen. Jack klopfte vorsichtig an die Tür. Auf sein Klopfen kam bald die Antwort: »Guten Abend! Suchen Sie mich?«

»Hallo. Sind Sie Mrs. Smith? Man sagte mir, dass sie mich vielleicht in Ihrem Holzschuppen schlafen lassen, wenn ich Sie darum bitte.«

»So kommen Sie doch herein! Sie sehen ja aus, als ob Sie fast erfroren sind. Ich kann Ihnen heute Abend nicht viel bieten, aber möchten Sie mir vielleicht Gesellschaft leisten? Ich hatte mich gerade zum Essen hingesetzt.«

Als Jack das bescheidene Mahl mit der Witwe teilte, erzählte er ihr alles, was geschehen war. Er erzählte ihr davon, dass er einige Male erlebt hatte, wie andere Schiffe untergingen. Er berichtete auch, wie knapp er selbst einmal dem Schiffbruch entkommen war. »Nun, Mr. Willis, wie dankbar müssen Sie da Gott sein, dass er Sie bis heute verschont hat. Das ist Gottes Vorsehung zu verdanken! Bedenken Sie aber: Derselbe Gott, der Ihr Leben auf See verschont hat, kann auch Ihre Seele retten. Gott hat seinen Sohn Jesus Christus gesandt, um für die Sünden der Gläubigen zu sterben. Haben Sie den Herrn jemals gebeten, sich über Sie zu erbarmen und Sie zu retten?«

Nachdem die Witwe Gott für das Mahl gedankt hatte, breitete sie etwas sauberes, trockenes Stroh in einer Ecke ihres Holzschuppens aus. Von Herzen dankbar legte Jack sich auf das Stroh und schlief die ganze Nacht lang gut durch. Als er am nächsten Morgen aufwachte, glättete er seine zerknitterte Kleidung so gut er konnte. Dann machte er sich auf, um der freundlichen Frau zu danken, die für ihn gesorgt hatte. Doch was sah er da? Sie hatte ihm ein warmes Frühstück zubereitet! Nach dem Essen gab sie ihm sogar einen kleinen Geldbetrag, um ihm für die Weiterreise ein wenig zu helfen. Als Jack ihr Haus verließ, sagte Mrs. Smith zu ihm: »Der Herr Jesus möge Sie auf Ihrem Weg segnen!«

Zehn Jahre vergingen und niemand erinnerte sich mehr an das, was in jener kalten, windigen Nacht geschehen war. Niemand, ausgenommen einer. Vieles hatte sich in dieser kleinen Stadt verändert. Auch Mrs. Smith war älter geworden. Sie hatte noch mehr weiße Haare bekommen und brauchte zum Gehen einen Stock.

Aber sie hatte immer noch ein liebevolles Herz, um anderen zu helfen. Obwohl sie nicht reich war, teilte sie doch das, was sie hatte, mit denen, die es brauchten.

Eines Morgens bekam Mrs. Smith einen großen Brief, der schon von außen sehr wichtig aussah. »Liebe Mrs. Smith«, stand darin, »Sie sind herzlich eingeladen, morgen nach London zu kommen. Ich habe eine Botschaft für Sie, aber ich möchte Ihnen diese Botschaft gerne persönlich sagen. Bitte treffen Sie mich um 11 Uhr vormittags im Gasthaus ›Red Lion Inn‹. Vielen Dank.«

Mrs. Smith war über diese Einladung sehr erstaunt. »Gehen Sie nicht hin, Mrs. Smith!«, sagte ihr Nachbar. »Da versucht nur jemand, Sie hereinzulegen.«

Ein anderer Nachbar sagte: »Ich denke nicht, dass Sie zu einem solchen Treffen gehen sollten. Wissen

Sie, London ist ein sehr übler Ort! Ich fürchte, jemand wird Ihnen irgendetwas Böses antun.«

Mrs. Smith hatte ihre kleine Stadt bis dahin noch nie verlassen. Sie fürchtete sich ein wenig, eine so lange Reise zu machen. Aber sie wollte gerne das Beste hoffen. Gott hatte ihr einst die Augen des Herzens geöffnet, um zu erkennen, dass sie seinen Sohn Jesus Christus braucht, um von ihren Sünden gerettet zu werden. Und ebenso vertraute sie darauf, dass Gott sie in seiner Vorsehung vor allem Schaden bewahren werde.

Darum nahm Mrs. Smith am nächsten Morgen die erste Kutsche nach London. Der Kutscher half ihr auszusteigen, und schon stand sie im berühmten Red Lion Inn. Bevor sie aber noch anfangen konnte, sich Sorgen zu machen, begrüßten sie zwei vertrauenswürdig aussehende Herren. »Ich freue mich sehr, Mrs. Smith«, sagte einer von ihnen, »dass Sie die Reise machen konnten. Bitte begleiten Sie uns auf unser Zimmer.« Nachdem Sie das Zimmer betreten hatten, staunte Mrs. Smith sehr, als derselbe Mann sagte: »Nun, Mutter, wie geht es Ihnen? Erinnern Sie sich nicht an mich?«

Mrs. Smith sah sich den Fremden genau an. »Nein, mein Herr. Ich glaube nicht«, sagte sie zögernd.

»Ich bin Jack Willis. Erinnern Sie sich an den bettelnden Seemann, den Sie vor etwa zehn Jahren in Ihr Haus aufnahmen? Ich war in einer fremden Stadt und hatte weder Geld noch Freunde. Sie aber gaben mir in dieser kalten Winternacht zu essen und einen Platz zum Schlafen. Ich habe Ihre Freundlichkeit nie vergessen. Und jetzt, da ich Kapitän eines großen Schiffes bin, möchte ich es Ihnen gerne vergelten.« Dann wandte Jack sich dem anderen Mann zu und fuhr fort: »Das ist Mr. Bates. Er ist Anwalt, und ich habe ihn gebeten, Ihnen jedes Jahr um diese Zeit einen Geldbetrag auszuzahlen. Damit möchte ich Ihnen ein wenig Dankbarkeit für Ihre Güte erweisen. Ganz besonders aber möchte ich Ihnen für Ihre warnenden Worte danken. Gott hat sie benutzt, um mir ins Gewissen zu reden. Der Herr hat Ihre Worte und Ihr Vorbild benutzt, um mich von meiner Sünde und Verlorenheit zu überführen. Er hat mich auch zur einzigen Rettung für Sünder wie mich geführt: zu seinem Sohn, dem Herrn Jesus Christus.«

Mrs. Smith wunderte sich über alle Maßen. Sie war von allem überwältigt und brach in Tränen aus. Sie dankte Gott dafür, dass er Jack reich gesegnet und für ihn an Leib und Seele gesorgt hatte. Danach kehrte sie nach Hause zurück. Wie dankbar war sie dafür, dass der Herr auch für sie gesorgt hatte! Sie hatte jetzt genug Geld, um Bedürftigen noch mehr zu helfen. Von nun an musste sie, wenn jemand ihr von seinen Nöten erzählte, stets an Gottes wunderbare Vorsehung und Gnade denken, die er an Jack Willis erwiesen hatte.

Frage: Für welchen Teil von Mrs. Smiths Hilfe war Jack am dankbarsten?

Schriftlesung: Lukas 17,11-19

Anregungen zum Gebet:

- ✶ Bitte Gott, dich liebevoll, hilfsbereit und großzügig zu machen. Bitte ihn, dir zu helfen, das zu geben, was dir möglich ist, und niemanden zu übersehen, der Gottes Hilfe braucht.
- ❖ Bitte Gott, dass du deine Ohren nicht vor ermahnenden Worten verschließt, sondern auf sie achtest. Bitte ihn, dich vom Weg des Verderbens weg auf seinen Weg zum ewigen Leben hin zu führen.

9. Gott lebt

Es war einmal eine Frau eines Pastors, die sehr auf Gott vertraute. In Zeiten der Not sagte sie oft: »Fürchte dich nicht; Gott lebt und er wird für uns sorgen.«

Nachdem aber ihr Mann gestorben war, wurde das Leben für sie sehr schwierig. Sie waren sehr arm und die Kinder waren oft krank. Aber sie glaubte immer noch, dass Gott lebt und für sie sorgen wird.

Als die Nöte aber eines Tages besonders schlimm waren, wurde sie im Glauben schwach und brach in Tränen aus. Ihr jüngster Sohn sah sie weinen. Er legte seine kleinen Hände in ihre und sah ihr ins von Tränen feuchte Gesicht. Er fragte sie sehr traurig: »Mami, ist Gott gerade gestorben?«

Seine Mutter stutzte, hörte auf zu weinen und trocknete ihre Tränen. Sie umarmte ihren kleinen Jungen und sagte: »Nein, mein Sohn, Gott ist nicht tot. Danke, dass du das gefragt hast. Er lebt immer. Er ist immer da, um in jeder Notzeit zu helfen. Er wird uns helfen.«

Gott benutzte ihren kleinen Sohn, um sie daran zu erinnern, dass er lebt und seinem Volk treu bleibt.

Frage: Warum war es für die Frau des Pastors ein Trost, dass Gott lebt?

Schriftlesung: Jesaja 41,1-13

Anregungen zum Gebet:

- ✶ Danke Gott dafür, dass er ein lebendiger, mächtiger Gott ist, und dass niemand stärker ist als er.
- ❖ Bitte Gott, dir klarzumachen, dass er seinen Sohn senden musste, um am Kreuz für Sünder wie dich zu sterben.

10. Johannes Brenz – der Reformator von Württemberg

Johannes Brenz war gerade achtzehn Jahre alt, als Martin Luther am 31. Oktober 1517 seine 95 Thesen an die Tür der Schlosskirche zu Wittenberg nagelte. Johannes Brenz wurde selber Reformator wie Luther; er lebte und wirkte in der württembergischen Stadt Schwäbisch Hall in Süddeutschland. Er war gottesfürchtig und beeinflusste in Württemberg die Kirche und den Staat sehr mit dem reformierten biblischen Glauben. Die Katholiken mochten das natürlich gar nicht leiden. Sie hassten ihn.

Im Jahr 1546, kamen schlimme Nachrichten nach Schwäbisch Hall. Kaiser Karl V. führte einen Krieg gegen die Reformation (den so genannten Schmalkaldischen Krieg) und er sandte seinen Heerführer, den Herzog von Alba, mit einer Armee, um die Stadt zu erobern und die Protestanten zu verfolgen. Der Herzog von Alba hatte dabei ganz besonders einen im Sinn: Johannes Brenz. Nachdem Schwäbisch Hall eingenommen war, gab der Herzog seinen Soldaten den Befehl, Brenz zu finden und ihm »diesen Ketzer« tot oder lebendig zu bringen. Die grausamen Soldaten eilten zum Haus des Predigers. Brenz erschrak, als er sie an die Eingangstür hämmern hörte, entschloss sich aber schnell zur Flucht. Als er zur Hintertür hinausrannte, hörte er, wie die Axt eines Soldaten krachend die Vordertür durchschlug. Doch Brenz war in Sicherheit. Die Soldaten durchsuchten das Haus, konnten ihn aber nicht finden. Als der Herzog von Alba mit seinen Truppen Schwäbisch Hall verließ, kehrte Brenz in die Stadt zurück und predigte wieder das Evangelium von Jesus Christus.

Als Karl V. das erfuhr, raste er vor Wut und war entschlossen, Brenz um jeden Preis festzunehmen.

Am 24. Juni hatte Brenz Geburtstag und hielt mit seiner Familie ein Festmahl. Doch er ahnte nicht, in welch großer Gefahr er schwebte.

Granvelle, ein katholischer Kardinal und zugleich von Kaiser Karl V. beauftragter Staatsdiener, ritt mit seiner Armee in Schwäbisch Hall ein, um Brenz zu verhaften. Granvelle ging schnurstracks zum Rathaus. Sobald alle Ratsherren versammelt waren, sagte er ihnen, er habe eine geheime Botschaft des Kaisers für sie. Natürlich waren sie neugierig, wie diese Botschaft lautete.

»Zuerst müsst ihr einen heiligen Eid schwören, dass ihr niemandem auch nur ein Wort verratet, was ich euch sagen werde«, sprach Granvelle.

Die Männer schworen, alles geheim zu halten. Mit einem schlauen Grinsen zog Granvelle den Brief des Kaisers aus seiner Tasche und las ihn vor. Johannes Brenz sei gefangen zu nehmen. Wenn die Herren ihm helfen würden, diesen »Ketzer« zu fangen, werde der

Kaiser sie belohnen; sollten sie ihm aber nicht helfen, werde die ganze Stadt darunter leiden.

Mit Erschrecken erkannten die Ratsherren, dass man sie ausgetrickst hatte. Der listige Granvelle wusste, dass Brenz viele Freunde unter ihnen hatte, und genau deshalb hatte er sie mit einem Eid zur Geheimhaltung verpflichtet. So konnten sie den Pastor nicht vor der drohenden Gefahr warnen. Die Ratsherren sahen sich in einer Zwickmühle. Sie wollten ihren geliebten Prediger nicht verraten, aber zugleich fürchteten sie die Rache des Kaisers. Doch die Furcht gewann Oberhand, und so entschieden sie sich, Granvelle zu helfen.

Granvelle war jetzt sicher, dass Brenz nicht entkommen könne. Schnell sandte er einen Soldaten, um Brenz holen zu lassen.

Aber Granvelle hatte nicht bedacht, dass Gottes Vaterauge über Brenz wachte. Er hatte nicht gemerkt, dass einer der Ratsherren fehlte, als die anderen den Eid der Geheimhaltung schworen; dieser Ratsherr war erst später dazugekommen. Als dieser Ratsherr hörte, dass Brenz festgenommen werden sollte, schrieb er eine kurze Nachricht.

Brenz saß noch bei seiner Geburtstagsfeier, als ein Bote ihm diesen Brief brachte. Er öffnete ihn und las: »Fliehe! Fliehe! Fliehe!«

Schnell wechselte Brenz seine Kleider und verließ das Haus. Auf der Straße traf der Prediger den Soldaten, der ihn verhaften sollte. Der Soldat hielt Brenz an und fragte ihn: »Wissen Sie, wo Johannes Brenz wohnt?«

Brenz antwortete ruhig: »Ja, das weiß ich. Ich zeige es Ihnen.« Er ging eine kurze Strecke mit dem Soldaten zurück und zeigte auf das Pfarrhaus am Ende der Straße. Dann ging jeder weiter seines Weges: der Soldat zum Pfarrhaus und Brenz durchs Stadttor hinaus nach Stuttgart.

Herzog Ulrich von Württemberg, der dort wohnte, nahm Brenz mit offenen Armen auf und versteckte ihn in seinem Schloss. Doch schon bald erfuhr der Kardinal und Staatskanzler Granvelle durch einen Verräter, wo Brenz sich verbarg. Granvelle wollte dem Kaiser Karl eine Freude bereiten und Brenz verhaften lassen. Auf der Stelle sandte er eine Reitertruppe spanischer Soldaten, um Brenz zu holen. Die Soldaten zogen los und machten abends in München Rast beim dortigen Herzog. Dieser bereitete ihnen ein köstliches Mahl und stellte ihnen Betten zum Übernachten. Beim Essen erklärte der befehlshabende Offizier, wozu sie unterwegs waren. »Wir haben Befehl von Karl V., ihm den Ketzer Johannes Brenz zu bringen, sei es tot oder lebendig. Wir haben erfahren, dass er sich im Schloss von Herzog Ulrich in Stuttgart versteckt. Wir werden ihn überraschen. Er hat keine Ahnung, dass wir kommen.«

Als die Reiter in Stuttgart ankamen, ging der Offizier direkt zu Herzog Ulrich und forderte: »Gebt sofort Johannes Brenz heraus! Ich weiß, dass er sich in eurem Schloss versteckt. Dies ist ein Befehl des Kaisers!« Der Offizier war sich völlig sicher, Brenz festnehmen zu können. Doch er irrte sich und konnte den Herzog nicht überraschen. Vielmehr überraschte der Herzog ihn, als er antwortete: »Er ist nicht hier.«

»Nun, wo ist er dann? Ich weiß, dass er hier ist!«

»Ich weiß wirklich nicht, wo er ist«, antwortete der Herzog.

Als der Offizier ihn misstrauisch beäugte, fügte Herzog Ulrich noch hinzu: »Das ist die Wahrheit, mein Herr. Ich habe keine Ahnung, wo er ist. Das kann ich sogar beschwören.«

Zornig ritt der Offizier davon und fragte sich, wie Brenz nur von ihren Plänen erfahren haben konnte.

Gott aber regiert über alles und sorgte auch für sein Kind Johannes Brenz, als dessen Feinde ihn gefangen nehmen wollten. Und zwar hatte sich Folgendes zugetragen: Als die Soldaten zuvor beim Herzog in München gegessen hatten, hatte der Offizier diesem stolz von seinem Auftrag erzählt, und dabei saß eine Verwandte von Herzog Ulrich mit an der abendlichen Tafelrunde. Der Offizier wusste aber nicht, dass diese Frau zur Reformation und zu Brenz gehörte. Da der Offizier auch klipp und klar sagte, dass sich Brenz im Schloss zu Stuttgart versteckt, sandte sie noch in derselben Nacht einen Eilboten an Herzog Ulrich los (und sagte ihm auch, er solle auf der Rückreise einen anderen Weg nehmen, damit er nicht den Truppen Granvelles begegne).

Als Herzog Ulrich in einer der nächsten Nächte die Nachricht bekam, ließ er Brenz wecken und zu sich rufen, las ihm die Eilbotschaft vor und sagte: »Ihr habt's vernommen: Ich bin mit Euch in Gefahr. Ich will keine Schuld an Eurem Blute haben. Tut, was euch das Beste dünkt und rettet euch, wie und wo Ihr wollt. Mein Brenz ist nicht hier, und ich will's frei mit einem Eid bekräftigen können, dass ich nichts von Euch wisse. Also gebt mir weder Stimme noch Antwort; sprecht also nichts, sondern höret und tut, was Euch Gott geheißt. Geht also in Gottes Namen! Gott bewahre Euer Leben!«*

Brenz war zunächst wie vom Schlag getroffen, dann besann er sich aber, sagte nichts, verbeugte sich vor dem Herzog und ging auf seine Stube im Schloss. Der Herzog rief ihm noch nach: »Wenn Ihr Gott lieb seid, so wird er über Euer Leben wachen.« In seiner Stube warf Brenz sich auf die Knie und bete ernstlich. Durch Gottes Fügung fasste er den Entschluss, einen Laib Brot zu nehmen, damit in die Oberstadt von Stuttgart zu fliehen und dort ein Versteck zu suchen. So verließ er also das Schloss. Draußen war die Nacht mild und der Mond schien hell. Eine Eule heulte in der Nähe und ein kleines Tier huschte irgendwo im

* Diese Aussage wurde so wörtlich aus einem alten deutschen Buch aus dem Jahr 1841 entnommen: *Das Leben und Wirken des Reformators Johannes Brenz* von J. G. Vaihinger, Seite 146. Dort ist diese Geschichte vollständig dokumentiert.

dichten Unterholz des Schlossparks. Brenz gelangte unbemerkt durch die schweren Tore des Schlosses hinaus und nahm die Straße hinauf zur Oberstadt, die damals Birkenwald hieß. Hier und da stand ein Haus, doch alle Türen waren verschlossen. Doch im letzten Haus war die Tür unverschlossen. Brenz öffnete vorsichtig die Tür und ging hinein.

Im hellen Mondschein schlich er leise die Treppe zum Dachboden hinauf, ohne dass die Hausbewohner es merkten. Als Brenz sich auf den Boden der Dachkammer gesetzt hatte, dankte er Gott. Mit den ersten Strahlen der Morgenröte, die schon bald über dem Hügel schimmerten, schlief er ein.

Einige Stunden später wachte er auf. Er blickte umher, um zu sehen, wo er war. Ein paar Schritte von ihm entfernt lag ein großer Stapel Brennholz. Brenz dachte sich, es sei besser, wenn er sich auf die andere Seite hinter dieser so genannten Holzbeige verstecke. Mucksmäuschenstill kletterte er über das Holz und sah dann, wie ein heller Lichtstrahl auf eine Stelle am äußersten Ende des Dachbodens fiel. »Was für ein ausgezeichnetes Versteck!«, dachte er. Er setzte sich hinter dem Lichtstrahl nieder, aß etwas von seinem Brot und lauschte dann, ob er etwas hören könne, was ihm verriet, wo er war und was geschah.

Einige Zeit darauf vernahm er das unverkennbare Geräusch von Hufschlägen. Sein Herz schlug schneller. Das mussten die Truppen des Kaisers sein, die kamen, um ihn zu fangen! Die Leute aus der Nach-

barschaft standen draußen, um sich darüber zu unterhalten. Brenz konnte jedes einzelne Wort verstehen. Dann wurden die Stimmen leiser, als die Leute auf der Straße weitergingen.

Ein paar Stunden später hörte der Prediger, wie die Leute unter ihm redeten. Eine Frauenstimme fragte: »Ist es wahr, dass man die Stadttore schließen wird?«

Ein Mann antwortete: »Ja, das stimmt.« Die Soldaten werden jedes einzelne Haus in der Stadt durchsuchen. Sie sind fest entschlossen, Brenz zu fangen!«

Am späten Nachmittag hörte Brenz ein Rascheln in der Holzbeige. Er legte sich neben der Stelle hin, auf die der Lichtstrahl fiel, und hielt den Atem an. Das Geräusch kam immer näher, bis es genau neben ihm war. Langsam drehte Brenz den Kopf um, um zu sehen, was es war. Dann musste er über seine Furcht lächeln: es war nur ein Huhn! Bald darauf aber wurde er wieder von Furcht erfüllt, als das Huhn ein Ei legte. »Jetzt wird das Huhn gackern, und jemand wird kommen, um das Ei zu suchen und dabei mich finden.«

Das Huhn gackerte allerdings nicht, obwohl Hühner sonst immer gackern, wenn sie ein Ei gelegt haben. Daher wich die Furcht des Predigers und wandelte sich in Dankbarkeit über die Güte Gottes. Das Huhn trippelte so leise fort, wie es gekommen war. Brenz musste an den Propheten Elia denken, dem auf Gottes Geheiß die Raben Brot und Fleisch gebracht hatten. Er aß das rohe Ei zusammen mit etwas von dem Brot und glaubte fest daran, dass der Herr für ihn sorgen werde.

Und das tat Gott auch. Jeden Tag kam das Huhn und legte ein Ei, ohne zu gackern.

Doch die spanische Truppe kam immer näher. Brenz hörte, wie die Leute im Erdgeschoss redeten. »Heute werden die Soldaten jedes Haus in unserem Stadtviertel durchsuchen.« Ganz sicher würden sie bald im Haus erscheinen und es von oben bis unten absuchen. Der Reformator betete, dass Gott für ihn sorgen möge und zwängte sich so eng wie nur möglich in sein Versteck.

Bald darauf betraten Soldaten den Dachboden, um zu sehen, ob der gesuchte »Ketzer« sich wohl dort versteckt hielte. Sie sahen überall nach. Einer von ihnen stocherte mit seinem Schwert mehrmals in der Holzbeige, sodass Brenz auf der anderen Seite den Degenstichen ausweichen musste, und ein anderer stach durch das mit Stroh gedeckte Dach.

»Er ist nicht hier«, murrte einer von ihnen.

»Marsch, weiter!«, kam der Befehl, und die Truppe verließ das Haus.

Vierzehn Tage war Brenz nun schon in seinem Versteck. Jeden Tag hatte das Huhn bei ihm ein Ei gelegt. Am fünfzehnten Tag kam das Huhn nicht mehr. Die Truppen hatten die Stadt nämlich gerade an diesem Tag verlassen. Brenz hörte, wie die Leute unten davon sprachen. Er wartete noch die Nacht ab und verließ dann still seinen ungewöhnlichen Zufluchtsort.

Dann kehrte Brenz in Herzog Ulrichs Schloss zurück. Wie überrascht war der Herzog, seinen lieben Freund wiederzusehen! Und wie sehr staunte er, auf welch wunderbare Weise es dem Herrn gefallen hatte, Johannes Brenz zu beschützen und zu ernähren!

Nicht Menschenmacht, noch Heereskraft,
kein Kriegsross und kein Kriegsgeschrei
die nöt'ge Rettung uns verschafft;
doch Gott eilt uns zum Heil herbei.
Wer Gott fürchtet und vertraut,
der hat auf keinen Sand gebaut.

Tipp: Noch heute gibt es die »Birkenwaldstraße« in Stuttgart. Schau dir auf einem Stadtplan an, wo diese Straße liegt und welchen Weg Johannes Brenz wohl vom alten Schloss in Stuttgart hierher gegangen ist.

Frage: An welche Begebenheit aus der Bibel erinnerte das Huhn Johannes Brenz?
Schriftlesung: 1. Samuel 23,13-29
Anregungen zum Gebet:

✶ Danke Gott, dass es nichts gibt, was ihn umstürzen könnte, und dass alle, die auf ihn vertrauen, sich nicht fürchten müssen, was auch immer geschehen mag, weil ihre Seele in seiner Hand sicher ist.

❖ Bitte Gott, dich zum Glauben an ihn und seine Macht zu führen und dich erkennen zu lassen, dass du ihn in allen Dingen brauchst.

11. Gott sorgt für einen kleinen Jungen

K

Vor vielen Jahren wütete in New Orleans das Gelbfieber. Das ist eine schreckliche Krankheit, und viele starben daran. Ein Mann, der auf dem Weg zur Arbeit war, sah einen kleinen Jungen im Gras neben der Straße liegen. Der Mann hielt an und fragte: »Was tust du da?«

»Ich warte darauf, dass Gott kommt und sich um mich kümmert«, antwortete der Junge.

Der Mann war innerlich gerührt, wie traurig der Junge klang. Außerdem fiel ihm auf, dass das Kind nicht gesund aussah. »Was meinst du damit?«, fragte der Mann.

»Gott hat auch meine Mutter und meinen Vater holen lassen, und außerdem auch meinen kleinen Bruder«, erklärte der Junge. »Er hat sie zu sich in den Himmel geholt. Mami sagte mir, bevor sie ging, dass Gott sich um mich kümmern wird. Ich habe kein Zuhause, und niemand kümmert sich um mich. Darum bin ich hierhergekommen, um am Himmel nach Gott Ausschau zu halten. Er wird kommen und sich um mich kümmern, nicht wahr? Mami hat mir gesagt, dass er das tun wird.«

Dem Mann kamen die Tränen. »Ja, mein Kind, Gott wird für dich sorgen. Er hat mich geschickt, damit ich mich um dich kümmere. Du kannst zu mir nach Hause kommen.«

Ein wunderschönes Lächeln ließ das Gesicht des Kindes aufleuchten. »Ich wusste, dass Gott für mich sorgen wird!«, rief er. »Mami hatte Recht!«

Gott belohnte den kleinen Jungen dafür, dass er auf ihn vertraut hat. Der Mann nahm ihn in sein Haus auf und hatte ihn genauso lieb wie seine eigenen Kinder. Der Herr enttäuscht niemals die, die ihm vertrauen.

Frage: Hast du den Herrn Jesus Christus lieb und vertraust du ihm?

Schriftlesung: Sprüche 3,1-12

Anregungen zum Gebet:

✶ Danke dem Herrn dafür, dass er uns niemals enttäuschen oder verlassen wird. Er wird uns nie von sich stoßen, wenn wir demütig zu Jesus kommen. Bitte den Herrn, dass du ihn liebst, weil er dich zuerst geliebt hat. Danke ihm für das wunderbare Geschenk der Errettung.

❖ Vertraue auf den Herrn Jesus. Bitte ihn, dir zu verdeutlichen, dass du anders denkst als er und dass wir ihm von Natur aus ungehorsam sind und den falschen Weg gehen. Bitte ihn zu tun, was nötig ist, um dich auf seinen Weg zurück zu bringen.

12. Marthas Rabe

Martha Randall wohnte allein in einem kleinen Haus auf dem Land. Vor fünf Jahren war ihr Mann John gestorben. Inzwischen war sie nicht mehr fähig zu arbeiten und war völlig verarmt. Marthas Leben war sehr hart gewesen; sie kam sich sehr einsam auf der Welt vor. Ihr einziger lebender Verwandter war ihr Neffe Bruce. Er wohnte nur eine Meile entfernt mit seiner Frau Betty und ihren drei Kindern. Bruce hatte eine gute Arbeit und war sehr reich, aber er half seiner Tante nie und unterstützt sie nicht in ihrer Not.

Martha war eine ältere, gottesfürchtige Frau. Sie hatte gelernt, dem Herrn in allem zu vertrauen. Sie war zwar einsam und arm, aber dennoch zufrieden. Bruce hingegen wusste trotz all seines Reichtums und Wohlstands nicht, was wahres Glück ist. Er hasste den Glauben und verspottete seine Tante wegen ihres kindlichen Gottvertrauens. Ihm war unbegreiflich, wie sie nur so viel Glück im Herrn finden konnte.

Als der Winter näher kam, wurden Marthas Vorräte sehr knapp. Dann gab es einen starken Kälteeinbruch und heftiger Schneefall machte es ihr unmöglich, das Haus zu verlassen. Sie aß jeden Tag nur so viel wie unbedingt nötig. Irgendwann aber war es soweit, dass sie ihre letzte Mahlzeit zu sich nahm. Zum Frühstück hatte sie nur noch ihre letzte halbe Kartoffel und einen Schluck Milch. Dann war ihr Speiseschrank leer. Aber sie klagte nicht. Der Herr hatte früher schon immer für sie gesorgt, und sie war sicher, dass er ihr wieder helfen werde.

An jenem Abend wurde Martha sehr hungrig. »Es wäre so schön, wenn ich eine Scheibe Brot hätte, bevor ich zu Bett gehe!«, dachte sie. Sie wusste nicht, wie das an einem so stürmischen Winterabend möglich sein könnte. Aber sie hatte gerade ein Kapitel in der Bibel zu Ende gelesen. Darin stand etwas, das sie sehr tröstete: »Alles, um was ihr im Gebet bittet, werdet ihr empfangen, wenn ihr Glauben habt« (Matthäus 21,22). Martha kniete neben ihrem Bett nieder und betete um Brot. Sie las diese schönen Worte noch einmal und wiederholte dann ihr Gebet.

Am selben Abend hielt Bruce auf seinem Heimweg von der Arbeit an, um noch ein paar zusätzliche Lebensmittel zu kaufen. Eine ganze Reihe Freunde waren am nächsten Tag zum Abendessen eingeladen. Seine Frau Betty hatte eine Liste von Dingen geschrieben, die sie brauchte, darunter sechs Laib Brot. Der Heimweg führte am Haus seiner Tante vorbei. »Ich denke, ich halte einfach mal an, um zu sehen, ob die alte Dame noch lebt!«, dachte er. Er stieg aus dem Wagen und ging leise zur Tür. Er öffnete sie nur einen kleinen Spalt und sah genau in dem Augenblick hinein, als Tante Martha ihre Augen schloss, um zum dritten Mal zu beten. Bruce stand schweigend draußen vor der Tür und hörte zu. »Lieber Herr«, betete sie, »ich habe nichts mehr zu essen und bin hungrig. Du hast in deinem Wort gesagt: ›Alles, um was ihr im Gebet bittet, werdet ihr empfangen, wenn ihr Glauben habt.‹ Bitte gib mir doch etwas Brot.« Bruce hatte genug gehört. Still ging er zum Wagen zurück und kicherte in sich hinein. Das war eine prima Gelegenheit, seiner Tante einen Streich zu spielen! Er hatte seinen Freunden immer gesagt: »Wenn ich etwas haben will, muss ich dafür arbeiten. Aber Tante Martha sagt, sie kann Sachen bekommen, indem sie darum betet!« Jetzt hatte er ein solches Gebet gehört. Nun würde er ihr zeigen, wie verkehrt sie lag!

Bruce nahm einen Laib Brot aus dem Wagen und ging zum Haus zurück. Lautlos schlich er hinein und legte den Laib auf den Tisch. Als er wegfuhr, konnte er sich ausmalen, wie Tante Martha den Leuten morgen erzählen würde, wie Gott ihr einen Laib Brot gesandt hätte. Dann könne er ihr beweisen, dass er ihr das Brot gegeben hatte. Er könne ihr sagen, wie albern es sei, zu Gott zu beten!

Martha beendete ihr Gebet und öffnete ihre Augen. Da lag auf dem Tisch ein Laib Brot! Voll stiller Freude dankte sie Gott, der seiner Verheißung treu war.

Am nächsten Tag, als die Zeit zum Abendessen gekommen war, gab es für Martha eine weitere Überraschung. Jemand fuhr mit dem Wagen ihres Neffen die Straße herauf. Sie sah, wie ein Junge ausstieg und zu ihrer Tür kam. Er brachte ihr eine eilige Nachricht. In dem Brief stand: »Tante Martha, wir möchten dich zu uns zum Abendessen einladen. Komm sofort.« Martha wusste nicht, was sie davon halten sollte, zog sich aber schnell ihr bestes Kleid an. Mit einem mulmigen Gefühl ging sie mit dem Jungen zu Bruces Wagen. Die kurze Fahrt zum Haus ihres Neffen jedoch erfüllte ihr Herz mit Freude. Der schöne Schnee lag glitzernd auf den Bäumen, Zäunen und Dächern. Sie machte sich keine Gedanken mehr darüber, warum ihr Neffe, dem sie so verhasst war, sie rufen lassen hatte.

Als sie das Haus betrat, führte man sie sofort ins Esszimmer. Bruce, seine Familie und mehrere seiner Freunde saßen bereits zu Tisch. »Nun denn, Tante Martha«, sagte ihr Neffe in einem spöttischen Ton, »ich dachte, wir sollten dich heute zum Abendessen kommen lassen, damit du nicht verhungerst!« Man setzte ihr ein warmes Essen vor, und sie senkte ihren Kopf, um für das schöne Mahl zu danken. Martha merkte, dass Bruce und seine Freunde sich über sie lustig machten, aber sie aß ihr Mahl und dankte Gott in ihrem Herzen.

Nach dem Essen sagte Bruce weiter zu seiner Tante: »Also, heute hattest du endlich eine gute Mahlzeit. Und was ist mit gestern?«

Martha sah auf und antwortete freundlich: »Der Herr hat mich niemals im Stich gelassen. Er sorgt persönlich für seine Kinder.«

»Das sagst du immer!«, schnaubte Bruce. »Wie aber sorgt er für dich? Nenne mir nur ein einziges Beispiel, wenn du das kannst!«

»Aber sicher«, entgegnete Martha. »Gerade gestern Abend wurde ich genauso wunderbar ernährt wie einst Elia durch die Raben!« Bruce hatte seinen Freunden von dem Streich erzählt, den er seiner Tante gespielt hatte. Darum begannen er und seine Freunde zu lachen.

»Erzähl uns davon!«, sagte Bruce und blickte mit einem fiesen Grinsen seine Freunde rings um den Tisch an.

Tante Martha schaute tapfer auf und erzählte alles, was geschehen war. »Gestern Abend hatte ich nichts mehr zu essen im Haus. Ich war sehr hungrig; darum bat ich Gott, mir etwas Brot zu schicken. Ich betete lange; zuletzt aber stand ich auf. Ihr werdet sicher lachen, aber auf dem Tisch lag ein Laib Brot. Ich teilte den Laib in drei Stücke, so dass er für drei Tage reichen würde. Ich dankte Gott bei jedem Bissen, den ich von der ersten Portion nahm.« Nun brach Bruce in Gelächter aus. »Aber ich bin es doch, dem du danken müsstest; ich selbst habe diesen Laib Brot auf deinen Tisch gelegt!« All seine Freunde fingen an, mit Bruce seine Tante auszulachen.

Nachdem das Gelächter verstummt war, sah Martha ihren Neffen an und sagte ruhig: »Elia hat aber nicht den Raben gedankt, Bruce.«

Plötzlich erfüllte peinliche Stille den Raum. Bruce wurde rot vor Zorn und brummelte: »Du bist doch nur eine alte Heuchlerin. Geh bloß nach Hause; ich hoffe, ich werde dich niemals wiedersehen!«

Mit ernster Würde antwortete Martha: »Ich wäre nicht gekommen, wenn du mich nicht eingeladen hättest, Bruce. Ich danke dir für das, was du mir gegeben hast. Für alles übrige musst du dich vor Gott verantworten.« Mit diesen Worten verließ sie leise den Raum. Als sie nach ihrem Mantel griff, trat allerdings Betty zu ihr. »Lass mich dir in den Mantel helfen«, bot sie ihr an. Wenige Augenblicke später versammelten sich auch etliche der Gäste um Martha herum und zollten ihr Respekt. Wie sehr tat es ihnen leid, diese fromme Frau verspottet zu haben! Als Bruce erkannte, wie sich die Situation gewendet hatte, befahl er, den Wagen zu holen. Martha wurde bequem nach Hause gefahren.

Der Herr segnete Marthas Glaubenszeugnis reichlich. Am nächsten Morgen kam Betty zu Martha nach Hause und sagte: »Was du gestern bei Tisch gesagt hast, hat mich sehr beeindruckt. Kannst du bitte für mich beten? Ich bin so ein schlimmer Sünder; mir fehlt das, was du hast. Bitte zeige mir, wie man betet.«

Als Martha hörte, was Betty sagte, machte sie das ganz demütig und dankbar gegenüber Gott. Sie betete, dass der Herr Jesus ihr hilft, Betty zu erklären, wie man von der Sünde gerettet wird, und sie betete, dass Gott Bettys Herz für das Evangelium öffnet.

Frage: Warum dankte Martha Gott für das Brot, das Bruce ihr gegeben hatte? Vielen Christen ist in Notzeiten Nehemia 8,10 eine Hilfe. Welches Gefühl wird in diesem Vers erwähnt?

Schriftlesung: Ester 8

Anregungen zum Gebet:

✶ Bitte Gott, aus dir einen treuen Zeugen Jesu zu machen, so dass die, die Gott spotten und nicht an ihn glauben wollen, an deinem Lebenswandel erkennen, welch großartiger Friede ihnen fehlt.

❖ Bitte Gott, dich von Sünde zu überführen, wenn du den Lebenswandel von Christen siehst, die Jesus lieben. Bitte ihn, dir eine Sehnsucht nach dem Frieden und der Freude zu geben, die sie haben. Bitte Christus, dein Herz zu überführen und es bereitwillig zu machen, sich seinem Willen unterzuordnen.

13. »Unser Vater im Himmel«

Vor langer Zeit lebte auf der englischen Insel *Isle of Wight* die Familie Winslow. Mr. und Mrs. Winslow hatten ein einziges Kind, eine kleine Tochter namens Lily. Eines Tages entschloss sich Mr. Winslow, nach Amerika zu reisen, um dort Land für eine Farm zu kaufen und ein Haus zu bauen. Danach wollte er zurückkommen und seine Frau und Tochter in ihre neue Heimat in dem neuen Land bringen. Von Amerika aus schrieb er einen Brief, dass alles bereit sei und er hoffe, Weihnachten wieder bei seiner Familie auf der Insel in England zu sein. Dann würden sie alle drei nach Amerika segeln.

Doch Weihnachten kam und verging, ohne dass Mr. Winslow zurückkam. Tag für Tag und Woche für Woche verstrichen, aber er war immer noch nicht wieder heimgekehrt. Mrs. Winslow und Lily machten sich natürlich große Sorgen. Schließlich erreichte sie die traurige Nachricht, dass sein Schiff untergegangen war und alle an Bord bis auf drei Seeleute ertrunken waren. Welch schrecklicher Schicksalsschlag war das für Mrs. Winslow und die kleine Lily!

Am Abend des Tages, an dem sie die Nachricht gehört hatten, kniete Lily neben ihrer Mutter zum Gebet nieder, bevor sie schlafen ging. Mrs. Winslow weinte und auch Lily liefen die Tränen über die Wangen. Sie versuchte zwischen Seufzern die Worte zu sagen, die man ihr beigebracht hatte. Unter Schluchzen stotterte sie das Gebet heraus: »Gott segne meinen lieben Vater.«

Mrs. Winslow streichelte ihrer Tochter über den Kopf und sagte: »Ach Lily, mein Schatz, das kannst du jetzt nicht mehr sagen. Du hast keinen Vater mehr.«

Lily schwieg. Sie wusste nicht, was sie sagen sollte. Zögerlich begann sie, das bekannte Gebet des Vaterunsers zu beten: »Unser Vater im Himmel …« Wie schön kamen Lily diese Worte gerade jetzt in dieser Situation vor! Ihr wurde klar, dass sie bis zu diesem Abend noch gar nicht richtig verstanden hatte, was diese Worte wirklich bedeuten und wie wichtig und heilig sie sind. Sie unterbrach das Gebet, um über diese wenigen Worte nachzudenken. Dann sprach sie sie noch einmal. Sie sprach sie noch ein drittes Mal: »Unser Vater im Himmel.« Sie blickte auf in das besorgte Gesicht ihrer Mutter und sagte: »Ach, Mutti! Wir haben ja doch einen Vater! Gott ist unser Vater! Jesus hat das gesagt. Er hat uns gelehrt, zu ›unserem Vater im Himmel‹ zu beten.« Und so sprach sie diese kostbaren Worte noch einmal.

Lily konnte dieses Gebet nicht weitersprechen. Diese Worte genügten. Mutter und Tochter fanden in ihrer Trauer Trost in dem Wissen, dass sie einen Vater im Himmel haben, der nicht ertrinken kann und niemals schläft. Er ist der allerbeste Vater!

Frage: Hast du diesen himmlischen Vater lieb? Kennst du ihn persönlich?

Schriftlesung: Jeremia 31,1-14

Anregungen zum Gebet:

✶ Danke Gott dafür, dass er für immer lebt; er ist ewig und hat kein Ende. Danke ihm dafür, dass er und sein Wort niemals vergehen, auch wenn dein Leben vergeht und auch wenn deine Freunde und Verwandten sterben.

❖ Bitte Gott, dir ewiges Leben und Heil zu geben. Komme demütig zu Jesus und bitte ihn, deine Seele zu retten, so dass du bei ihm im Himmel sein wirst, wenn du stirbst.

14. »Schickt Essen zu John!«

Der Mount Washington ist ein fast 2000 Meter hoher Berg im Nordosten der USA. Einst stand am Hang des Berges kurz vor dem Gipfel eine einfache Hütte, von der aus man einen herrlichen Blick über ein tiefes Tal hatte. In dieser Hütte wohnte John Barry. Er war arm und von Beruf Köhler, das heißt, er stellte Holzkohle her. Im vergangenen Sommer war John krank gewesen und hatte nicht so viel wie sonst arbeiten können.

Im Dezember setzte mehrmals starker Schneefall ein. Die Straße von der Berghütte zum nächsten Dorf war durch Schneewehen völlig unpassierbar. Noch ehe man die Straße räumen konnte, kam ein weiterer Schneesturm auf. John und seine Frau waren danach völlig von der Außenwelt abgeschnitten. Und sie hatten nur noch Nahrungsvorräte für einen einzigen Tag.

In einem zehn Meilen entfernten Dorf namens Sheffield lebte Mr. Brown, ein wohlhabender Farmer und Diakon (das ist ein Gemeindediener und Hilfsprediger). Er war bekannt dafür, seinen christlichen Glauben in die Tat umzusetzen. Der Farmer und seine Frau Margaret waren zu Bett gegangen und schliefen fest, obwohl der Sturm tobte. Gegen Morgen wachte der Farmer plötzlich auf. Er war sich sicher, dass Gott ihm klar gemacht hatte, er müsse jemandem namens

John etwas zu essen bringen. Er weckte seine Frau und sagte es ihr.

»Unsinn!«, entgegnete Mrs. Brown. »Leg dich wieder schlafen. Du musst geträumt haben.«

Der Diakon legte sich wieder hin und war in wenigen Minuten eingeschlafen. Doch bald schon wachte er erneut auf und war sich immer noch sicher, dass er zu diesem John gehen und ihm helfen solle.

»Nun«, sagte Mrs. Brown, »dann musst du krank sein. Ich glaube, du hast Fieber. Leg dich hin und versuche zu schlafen.«

»Hör zu, Margaret«, sagte er, »kennst du irgendwen, der John heißt und Essen brauchen könnte?«

»Nicht, dass ich wüsste«, antwortete Mrs. Brown. »Es sei denn – vielleicht John Barry, der alte Köhler auf dem Berg.«

»Das ist es!«, rief der Diakon. »Jetzt erinnere ich mich. Als ich neulich im Laden in der Stadt war, sagte Mr. Clark: ›Ich frage mich, ob der alte John Barry überhaupt noch lebt. Ich habe ihn nämlich schon seit sechs Wochen nicht mehr gesehen. Er ist noch nicht gekommen, um Nahrungsvorräte für den Winter zu kaufen.‹ Dieser alte John muss krank sein und Essen brauchen!«

Schnell zogen sich der Farmer und seine Frau an. Mr. Brown weckte seinen Gehilfen Willie, dann frühstückten die Männer hastig, während Mrs. Brown einen ordentlichen Nahrungsmittelvorrat in die größten Körbe packte, die sie finden konnte.

Nach dem Frühstück spannten Mr. Brown und Willie die Pferde vor den Zweispänner-Schlitten. Als die ersten Lichtstrahlen über dem Horizont dämmerten, brachen sie mit dem Lebensmittelvorrat für einen ganzen Monat auf. Die Reise würde gefährlich werden. Der Wind blies immer noch heftig, und der Schnee fiel unaufhörlich und bildete Verwehungen. Trotzdem bahnte sich das Gespann mit dem Hilfstransport weiter seinen Weg, während die Männer auf dem Schlitten – gehüllt in Decken und zusätzliche Mäntel aus Büffelfell – die Pferde im Sturm durch die Schneewehen trieben. Diese Fahrt über zehn Meilen, für die man gewöhnlich weniger als eine Stunde brauchte, dauerte fast fünf Stunden.

Endlich erreichten sie die Hütte, wo der arme, gläubige John Barry und seine Frau Gott um Hilfe angefleht hatten. Als der Farmer zur Tür kam, hörte er schon von draußen, wie John und seine Frau drinnen beteten.

Mr. Brown klopfte an und John öffnete erstaunt die Tür. Wir können uns kaum vorstellen, wie sehr sich das alte Ehepaar freute! Sie trugen alle zusammen den großzügigen Nahrungsvorrat in die Hütte, und der Dank von John Barry und seiner Frau stieg aus ihrem Herzen zu Gott empor.

Frage: Kennst du eine Person aus der Bibel, die auf erstaunliche Weise Essen bekam?

Schriftlesung: Apostelgeschichte 9,10-19

Anregungen zum Gebet:

- ✶ Bitte Gott, einen Menschen aus dir zu machen, der gerne auf das hört, was er uns durch sein Wort, die Bibel, sagt.
- ❖ Bitte Gott, dich davon zu überzeugen, dass er wirklich durch sein Wort zu den Gläubigen redet und dass seine Gebote auch dir persönlich gelten. Wenn du seinem Gebot noch nicht gehorcht hast, an seinen Sohn, den Herrn Jesus Christus, zu glauben, dann bitte Gott, dir diesen Glauben in seiner Gnade zu schenken.

15. Der kleine Kaminkehrer

In den vergangenen Jahrhunderten arbeiteten kleine Jungen oft als Kaminkehrer. Sie mussten in den Schornstein klettern, um den Ruß abzukratzen und wegzufegen. Das war eine schwere und ungesunde Arbeit für diese unglücklichen Kinder.

Diese Geschichte eines solchen kleinen Kaminkehrers mit dem Namen Charles ist vor etwa 250 Jahren wirklich so geschehen. Charles' Eltern waren der Graf und die Gräfin von Belville. Das bedeutet, dass der König von England Charles' Vater zum Herrscher über eine Grafschaft namens Belville gemacht hatte. Der Graf von Belville starb, als Charles noch sehr klein war; darum musste die Gräfin ihr Kind alleine aufziehen. Sie hatte ihn sehr lieb. Ihr größter Wunsch war, dass Gott Charles zum Glauben an den Herrn Jesus führt und ein neues Herz schenkt, solange er noch jung ist.

Es schien aber, dass Charles umso weniger Interesse am Glauben zeigte, je mehr sie für seine Bekehrung betete und mit ihrem Sohn über den Herrn Jesus sprach. Charles war ungehorsam und störrisch und versuchte stets, vom Thema abzulenken, wenn seine Mutter ihm Bibelunterricht gab. Wenn ihm aus der Bibel vorgelesen wurde, machten sich seine Gedanken immer sofort auf Wanderschaft und er ging seinen

Tagträumereien nach. Er hielt auch nicht viel davon, wenn seine Mutter vor den Mahlzeiten betete.

Darüber wurde die Gräfin sehr traurig und oft weinte sie, aber sie bestrafte Charles nicht, wenn er frech und unflätig war. Weil seine Mutter so nachlässig war, traute er sich in seinem sündigen Lebenswandel noch viel mehr Böses zu.

Eines Tages saß die Gräfin gerade in ihrem kleinen Arbeitszimmer und schrieb Briefe, als ein Diener eintrat. Er wartete ungeduldig, bis sie aufschaute.

»Madam«, sagte er nervös, »wir können Charles nicht finden. Wir fürchten, er ist verschwunden. Wir suchen ihn schon seit über einer Stunde.«

Die Gräfin wurde blass. »Wie? O nein, mein kleiner Charles! Haben Sie die Polizei benachrichtigt? Haben Sie wirklich überall gesucht?«

Sofort wurden Diener durch die ganze Stadt gesandt, um zu den kleinen Jungen finden, und man informierte die Polizei. Die Gräfin ließ sogar Flugblätter drucken, auf denen ihr Sohn beschrieben wurde, und sie bot eine große Belohnung, wenn jemand helfen könne, ihn zu finden.

Viele Leute kamen zur Gräfin, um ihr zu sagen, sie hätten einen Jungen gesehen, auf den die Beschreibung passt; aber wenn die Polizei der Sache nachging, stellte sich immer heraus, dass es ein anderes Kind war.

Zuletzt kam eine Frau zur Gräfin und sagte ihr, sie hätte einen kleinen Jungen von etwa fünf Jahren gesehen, der Steine in den Fluss warf. Als sie kurze Zeit später wieder dort vorbeikam, sei er verschwunden gewesen.

Der Gräfin brach dies das Herz. Sie wusste, dass Charles gerne am Fluss spazieren ging. Sie hatte ihm immer verboten, allein dorthin zu gehen, denn sie fürchtete, er könnte hineinfallen und ertrinken. Sie stellte sich vor, dass diese Befürchtung eingetreten war, aber andererseits konnte sie nicht glauben, dass ihr geliebter Sohn tot war.

Wenn die Gräfin unterwegs war, sah sie sich alle kleinen Jungen genau an, denen sie begegnete; manchmal hielt sie sie sehnsüchtig an und frage das Kind nach seinem Namen und seiner Herkunft. Sie wurde immer enttäuscht.

Drei Jahre vergingen, ohne dass man etwas von Charles hörte. »Er würde heute acht Jahre alt werden«, dachte die Gräfin traurig an seinem Geburtstag.

Dann ließ sie im Park ihres Anwesens ein Grabmal errichten, um wenigstens eine Stätte zu haben, wo sie trauern und weinen konnte. Auf dem Grabmal wurde die Skulptur eines kleinen Jungen aufgestellt, der auf seinen Knien betete. Denn die Gräfin von Belville erinnerte sich, dass Charles wenigstens ein einziges Mal von Herzen gebetet hatte, und sie klammerte sich an die Hoffnung, dass er vielleicht doch bekehrt war und wenn er gestorben sein sollte, errettet war. Auf dem Grabmal ließ sie als Aufschrift das Gebet anbringen, das sie einst ihrem Sohn beigebracht hatte: »Herr, bekehre mich und verwandle mein Herz. Lehre mich, dich und meinen Nächsten zu lieben, wie der Herr Jesus uns geliebt hat. Amen«

In diesem Sommer verreiste sie, um einige Wochen lang Freunde auf dem Land zu besuchen. Sie hatte es so eingerichtet, dass währen dessen an ihrem Haus einige Reparaturen ausgeführt werden sollten. Sie wollte in dieser Zeit des Lärms lieber fort sein. Doch nach drei Wochen erhielten ihre Gastgeber die Nachricht, dass deren Tochter, die in einer anderen Stadt lebte, schwer erkrankt sei. Die Freunde der Gräfin wollten lieber bei ihrer Tochter sein und zu ihr reisen und sie boten der Gräfin an, so lange bei ihnen allein im Haus zu bleiben. Aber sie entschied sich, nach Belville zurückzukehren.

Als sie an jenem Nachmittag zu Hause ankam, arbeiteten die Hausdiener und einige Handwerker fleißig im Esszimmer. Da bemerkte sie einen kleinen Kaminkehrer-Jungen, der neben dem Kamin an der Wand lehnte. Er war sehr dünn und blass, und große Tränen hinterließen weiße Streifen auf seinem vom Ruß verschmutzten Gesicht.

»Was ist mit dir los, junger Mann?«, fragte die Gräfin.

»Nichts, Madam«, antwortete der Junge. »Wir kehren Ihren Kamin. Mein Meister ist auf dem Dach, um zu prüfen, ob ich meine Arbeit gut gemacht habe. Er wird bald wieder unten sein.«

»Aber warum weinst du?«, fragte sie nach.

»Weil … weil ….« Der kleine Junge versuchte zu sprechen, konnte aber vor lauter Schluchzen nur noch zittern.

»Kind, sag mir doch, was los ist«, beruhigte ihn die Dame.

»Ich habe Angst, dass mein Meister mich wieder schlägt«, sagte er unter Tränen.

»Wieder? Schlägt er dich oft?«

»Fast jeden Tag, Madam.«

»Aber warum?«

»Weil ich nicht genug Geld einbringe.« Er behielt die Tür im Blick, weil er fürchtete, sein Meister könne ihn hören. »Wenn ich abends heimkomme, nachdem ich den ganzen Tag unterwegs war und Arbeit gesucht habe, aber niemand wollte, dass ich seinen Kamin kehre, dann sagt er, ich hätte den ganzen Tag nur gespielt. Aber das ist nicht wahr. Es ist nicht meine Schuld, wenn keiner will! Ich rufe immer auf der Straße, so laut ich kann, und klopfe an jede Tür; aber niemand will, dass ich seinen Kamin sauber mache.«

»Aber manchmal bekommst du doch Arbeit, oder? Schlägt er dich auch dann?«

»Ja. Er sagt, ich klettere zu langsam oder mache es nicht sauber genug, oder dass ich im Haus alles schmutzig mache. Wenn ich herabkomme, schlägt er mich, aber ich gebe immer mein Bestes. Gestern habe ich mich am Bein verletzt und die Hose zerrissen.« Das arme Kind weinte noch mehr, als es der Gräfin sein schlimm zerschundenes Bein zeigte. Die Gräfin beauftragte einen Diener, einen Verband für das Kind zu holen.

»Wie viel verdienst du denn?«, fuhr sie fort.

»Nichts; er gibt mir nur zu essen, aber nicht genug. Ich gehe immer hungrig ins Bett.«

»Ich denke, ich werde mit deinem Meister darüber reden!«, sagte sie.

»O nein, bitte nicht, Madam!«, bettelte der kleine Kaminkehrer. »Er wird mich nur wieder schlagen, wenn wir fort sind. Ich beklage mich bei niemandem; nur abends – bei …«

»Bei wem?«, fragte die Gräfin neugierig.

»Bei Gott.«

»Was sagst du zu ihm?« Die Gräfin säuberte vorsichtig das verwundete Bein und verband es, während sie sprach.

»Ich bitte ihn, mich zurück zu meiner Mutter zu bringen«, antwortete er. Dabei kamen ihm wieder die Tränen.

»Du hast also eine Mutter?«, sagte die Gräfin sanft, als ob sie zu sich selbst spräche.

»Ja, die habe ich. Sie ist eine sehr liebe Mutter. Ich wünsche, ich könnte zu ihr. Dann wäre ich nicht mehr so traurig.«

»Weißt du denn nicht, wo sie wohnt?« Die Gräfin war erstaunt.

»Nein. Ich kann mich nur an ein großes Haus und einen schönen Garten mit einer Mauer herum erinnern.« Er hielt inne und sah um sich. »Es war so ähnlich wie hier – ich konnte viele Bäume durchs Fenster sehen. Meine Mami war wie Sie, nur war sie sehr hübsch und trug keine schwarzen Kleider wie Sie.«

Jetzt bekam Lady Belville einen Schwächeanfall und setzte sich auf den nächstbesten Stuhl. Dann nahm sie den Jungen bei der Hand und zog ihn an sich, ohne sich darum zu scheren, dass seine Kleidung ganz verdreckt war. Dann fragte sie: »Hat Gott je dein Gebet erhört, mein Kind?«

»Bei diesem Gebet noch nicht; aber ich bin sicher, er wird eines Tages auch dies erhören.«

»Warum bist du dir da so sicher?«

»Weil er es in seinem Wort so sagt.«

»Dann glaubst du also, dass Gott Gebete erhört?«

»Ja, Madam. Er hat schon viele meiner Gebete erhört. Ich betete, dass ich lesen lernen und eine Bibel haben kann. Ein freundlicher Mann schenkte mir einmal ein Neues Testament und brachte mir das Lesen bei. Manchmal bin ich so glücklich, wenn ich bete.«

»Du bist glücklich? Was sagst du denn, wenn du betest?«

»Ich spreche das Gebet, das meine Mami mir beigebracht hat.«

»Und wie lautet dieses Gebet? Sag es mir.« Lady Belvilles Herz pochte vor Aufregung.

Der kleine Junge kniete neben ihr nieder, faltete seine Hände und schloss seine verweinten Augen. Mit zitternder Stimme sagte er: »Herr, bekehre mich und verwandle mein Herz. Lehre mich, dich und meinen

Nächsten zu lieben, wie der Herr Jesus uns geliebt hat. Amen.«

»Mein Kind!«, rief die Gräfin aus und drückte ihn fest an sich. »Du bist mein Sohn Charles!«

Fassungslos sah Charles sie mit tränenverschmiertem Gesicht an.

»Charles, Charles, ich bin deine Mutter««, sagte sie und schluchzte laut.

»Meine Mutter?«, staunte Charles. »Ja, jetzt erinnere mich, meine Mutter hat mich auch immer Charles, Charles gerufen.« Dann konnte er nicht mehr weiterreden, weil sich sein Hals wie zugeschnürt und von einem dicken Kloß verstopft anfühlte.

Die Mutter knieten neben ihrem Sohn nieder und rief aus ganzem Herzen: »O Herr, vergib mir meinen Unglauben und dass ich an deiner Verheißung gezweifelt habe! Ich war so ungeduldig. Ich habe so oft für seine Bekehrung gebetet, aber ich war nicht bereit zu warten; und doch hast du mich erhört.«

In diesem Moment betrat Charles' Meister den Raum und staunte nicht schlecht, den kleinen Kaminkehrer zusammen mit der Dame des Hauses auf Knien zu sehen. Die Gräfin forderte ihn auf zu erklären, wie er an Charles gekommen sei.

Der Kaminkehrermeister sagte ihr: »Vor drei Jahren kam ein Mann zu mir und sagte, er sei der Vater dieses Jungen. Für zehn Pfund würde er ihn mir geben. Ich habe keinen Kontakt mehr zu diesem Mann. Vor kurzem habe ich von ihm gehört, er sei schwer krank. Vielleicht ist er schon tot; ich weiß es nicht.« Als Lady Belville erklärte, dass Charles ihr Sohn war, hatte der Meister es plötzlich sehr eilig zu gehen, denn er wusste, dass er für ein solches Verbrechen zu einer Gefängnisstrafe verurteilt werden konnte.

Die Gräfin machte sich auf die Suche nach dem Mann, der Charles verkauft hatte. Sie erfuhr, dass er schwer krank im Hospital lag und ging sofort zu ihm.

Der Mann war rüde und fluchte laut, als sie ihn bat, ihr zu sagen, wie er Charles gefunden hatte. Zuerst tat er so, als wüsste er nichts; als aber die Gräfin ihn hartnäckig ausfragte, gab er zu, was geschehen war: Vor drei Jahren hatte er einen kleinen Jungen gesehen, der gerade über eine Gartenmauer auf die Straße gesprungen war, und hatte sich ihn geschnappt. Er sah darin eine Gelegenheit, an Geld zu kommen und verkaufte den Jungen an den Kaminkehrermeister. Der Entführer fürchtete, die Gräfin würde ihn anzeigen; aber sie dachte, dass dies wohl Gottes Weg gewesen war, um ihren Sohn zur Bekehrung zu führen. Deshalb sagte sie dem Mann, dass sie ihm sein Verbrechen vergebe. Sie überließ ihm ein Traktat, das zu Bekehrung und zum Glauben an den Herrn Jesus aufrief, und kehrte mit einem Loblied im Herzen zurück nach Hause.

Seitdem feierte die Gräfin diesen frohen Tag auf außergewöhnliche Weise: Die Diener trommelten so viele Kaminkehrer zusammen, wie sie finden konnten, wuschen sie, gaben ihnen neue Kleider und führten sie ins Esszimmer des gräflichen Anwesens. Dort wurde ihnen ein köstliches Mahl serviert. Danach erzählte Lady Belville ihnen die erstaunliche Geschichte von ihrem verlorenen Sohn. Sie erzählte diesen Kindern, wie der Herr ihre Gebete und Charles' Gebete auf so wunderbare Weise erhört hatte.

Die Gräfin tat ihr Bestes, für die älteren Jungen eine bessere Arbeit zu finden und für die jüngeren ein gutes Zuhause. Oft besuchten diese Jungen sie wieder, um ihr für die Güte zu danken, die sie ihnen erwiesen hatte, und manchmal konnten sie ihr auch erzählen, was der Herr an ihrem Herzen getan hatte.

Frage: Woran erkannte die Gräfin sicher, dass der Kaminkehrer ihr Sohn war?

Schriftlesung: Lukas 7,11-16

Anregungen zum Gebet:

✶ Bitte Gott, dir zu vergeben, dass du manchmal ungeduldig bist. Bitte ihn, dir zu verstehen zu helfen, dass er den Zeitlauf perfekt lenkt und weiß, was jedes seiner Kinder braucht.

❖ Bitte den Herrn Jesus, dich davor zu bewahren, ein Leben ohne ihn zu führen und die Ewigkeit ohne ihn zu verbringen. Bitte ihn, dich bereit zu machen, das Evangelium von Jesus, dem Herrn und Retter, anzunehmen und auf seine Lehre zu hören.

16. Der deutsche Zimmermann

Hans Grafe wuchs in Deutschland auf. Sein Vater war ein geschickter und angesehener Zimmermann und hatte auch seinen Söhnen dieses Handwerk beigebracht. Als aber Hans eine junge Dame aus einer sehr armen Familie heiraten wollte, wurde Herr Grafe wütend.

»Wenn du dieses Mädchen heiratest, Hans, dann brauchst du nie mehr hierher zu kommen! Du wirst keinen Pfennig mehr von mir bekommen, und ich werde nicht mehr mit dir zusammen arbeiten!«, sagte der Vater.

Tief verletzt durch die harsche Reaktion seines Vaters heirateten Hans und seine Braut heimlich, verließen Deutschland und ließen sich in Plymouth im Süden Englands nieder. Hans mietete ein kleines Haus und eröffnete ein Zimmermannsbetrieb. Doch Arbeitsaufträge waren schwer zu finden und selten zu bekommen. Als es immer schlimmer wurde, fragte sich Hans, ob vielleicht Beten helfen würde. Und so betete er. Er bat Gott, ihm zu helfen und ihm Arbeit zu geben, damit er zu essen für seine wachsende Familie kaufen könne. Bald darauf bekam er Arbeit und freute sich sehr darüber. Er beschloss, weiter zu beten.

In den folgenden Wochen wurden seine Gebete allerdings anscheinend nicht erhört. Stattdessen begann

Hans einzusehen, dass er ein Sünder war und keinen Anspruch hatte, von Gott Hilfe zu bekommen. Er begann, Gott um Erbarmen anzuflehen.

Als Hans noch ein kleiner Junge gewesen war, war er regelmäßig zur Kirche gegangen und hatte dort gehört, dass Jesus Christus Sünden vergibt. Als aber Hans' Mutter starb, hörte sein Vater auf, die Gottesdienste zu besuchen. Deshalb hatte Hans kaum etwas aus der Bibel gelernt.

Jetzt fragte er sich: »Wie kann Gott mir vergeben?« Er dachte bei sich: »Wenn ich doch nur eine Bibel hätte! Ob in der Bibel wohl Geschichten über Sünder wie mich stehen? Ob ihnen wohl vergeben wurde?«

Dann dachte er: »Gott hat meine Gebete um Essen so oft erhört. Ich bin sicher, dass er mich auch erhören wird, wenn ich ihn um eine deutsche Bibel bitte, die ich lesen kann.«

Viele Monate lang betete Hans jeden Tag um eine deutsche Bibel, aber es kam keine. Dann kamen eines Abends zwei junge Männer vorbei, als er gerade draußen vor seinem Haustür Holzbalken bearbeitete. Die beiden Männer unterhielten sich auf Deutsch. Hans rief sie zu sich und erfuhr, dass sie zwei Brüder auf dem Weg nach London waren, aber weder Essen noch Geld hatten. Hans sagte ihnen, er sei zwar auch arm, aber sie seien willkommen, zum Abendessen und zur Nacht bei ihm und seiner Familie einzukehren. Dankbar nahmen die Reisenden dieses großzügige Angebot an.

Am nächsten Morgen wollten die Männer aufbrechen, aber Hans überredete sie, auch noch bis zum Mittagessen zu bleiben. »Ich werde ein paar meiner Holzarbeiten verkaufen; dann kann ich Essen kaufen, und ihr könnt nach einem guten Mahl aufbrechen.«

Der ältere der beiden Brüder sagte: »Ich wünschte, ich könnte dir etwas zum Dank für deine Freundlichkeit geben, aber ich bin arm.«

»Es ist keine Schande, arm zu sein«, antwortete Hans. »Selbst der Herr Jesus Christus war arm. Ich wünschte, ihr wüsstet, wie man zu Gott betet. Er würde euch dann geben, was ihr braucht.«

Der jüngere der beiden Brüder sagte lächelnd: »Meine Mutter hat uns einige kurze Gebete beigebracht, aber ich bete sie schon lange nicht mehr«.

»O, das meine ich nicht damit«, entgegnete Hans. »Meine Gebete hat Gott mir ins Herz gelegt. Wie ihr habe ich oft ohne Nachdenken auswendig gelernte Gebetstexte aufgesagt, doch nur das, was Gott uns in Herz und Sinn gibt, kann auch zu Gott durchdringen.«

»Nun, wenn Gott mir kein Gebet gegeben hat, dann kann ich nach deinen Worten nicht beten; dann ist es also nicht meine Schuld«, folgerte der junge Mann.

»Oft ist es unsere Sünde, die verhindert, dass unsere Gebete erhört werden«, erklärte Hans ruhig. »Deshalb ist es so schön, dass Gott mir gibt, was ich brauche, wenn ich ihn darum bitte.«

»Du bekommst aber anscheinend nicht gerade viel!«, erwiderte der ältere Bruder.

»Meine Armut bekümmert mich nicht, sondern vielmehr meine Sünden«, sagte Hans traurig. »Ich wünschte, ich wüsste, wie sie mir vergeben werden können!«

»Warum betest du nicht einfach darum?«, fragte der jüngere Mann mit einem spöttischen Lächeln.

»Das tu ich ja«, antwortete Hans; »aber man kann Gott nicht zur Eile treiben.«

»Nun«, sagte der ältere Bruder, »ich kann dich zwar nicht verstehen, aber wir möchten dir für deine Güte danken. Wenn wir es dir irgendwie bezahlen könnten, würden wir's tun. Wir haben aber nichts Wertvolles – außer einer alten deutschen Bibel.«

Hans war fassungslos. Der ältere Bruder schnürte sein Bündel auf und nahm die Bibel heraus. Hans nahm sie in die Hand und drückte sie ans Herz. Tränen der Freude und des Dankes kullerten sein Wangen herab. »Gott erhört wirklich mein Gebet! O, was für ein Gott ist doch mein Gott!«

Die Reisenden waren über Hans' Gefühlsausbruch erstaunt und staunten noch weit mehr, als sie hörten, dass Hans seit acht Monaten dafür gebetet hatte, eine deutsche Bibel zu bekommen.

»Es wäre schon gütig von Gott gewesen, sie mir zu geben, ohne dass ich darum gebeten hätte«, bemerkte Hans; »aber es war noch weit freundlicher von ihm, mich zu lehren, darum zu bitten.«

Die Brüder zogen ihres Weges und waren tief davon beeindruckt, wie Gott offenkundig die Gebete des deutschen Zimmermanns erhört hatte.

Hans studierte Gottes Wort, fand Vergebung bei Gott und Freude daran, ihm zu dienen. Eifrig belehrte er auch seine Frau und Kinder über die kostbaren Wahrheiten der Bibel.

Liebe Kinder, »bei Gott ist alles möglich« (Matthäus 19,26). Und nicht nur das gilt, sondern auch: »Treu ist der, der die Verheißung gegeben hat« (Hebräer 10,23). Gott hat euch versprochen: Wenn ihr ihn bittet, eure Sünden zu vergeben und euch zu helfen, ihn von ganzem Herzen zu lieben, dann wird er es um Jesu Willen tun. Und Gott hält immer, was er verspricht.

Frage: Liebst du deine Bibel ebenso wie Hans es tat? Betest du zu Gott? Lies Nehemia 2, um mehr über Nehemias Gebet zu erfahren. Was sagt dir das über das Beten?

Schriftlesung: Jakobus 1,1-12

Anregungen zum Gebet:

* Bitte Gott, dass du durch seine Hilfe zu beten lernst. Danke ihm für die guten Gaben, die er dir geschenkt hat, obwohl du nicht darum gebeten hast. Danke ihm dafür, dass er genau weiß, was du brauchst, und dass er das besser weiß als du. Danke ihm dafür, dass du jederzeit über alles zu ihm reden kannst.

- Bitte Gott, dir durch Jesus und seinen Tod am Kreuz deine Sünden zu vergeben. Danke Gott dafür, dass das Opfer Jesu Christi diesen wunderbaren Weg der Errettung eröffnet hat.

17. Der unterschlagene Schlitten

Im Winter 1829 zog ein Mann namens John Carson in die Kleinstadt Marshfield in Vermont, einem Bundesstaat im Nordosten der USA. Er fand eine Wohnung und versuchte, seinen Lebensunterhalt dadurch zu verdienen, dass er Uhren verkaufte und außerdem für einen Farmer arbeitete. Als er etwa sechs Wochen in Marshfield gewohnt hatte, bat er seinen Nachbarn Mr. Preston, ihm für drei Tage sein Pferd und seinen Schlitten zu borgen. Da die Leute in diesen kleinen Orten auf dem Land immer hilfsbereit waren, war Mr. Preston selbstverständlich einverstanden und gab Pferd und Schlitten heraus.

Nach vier Tagen aber begann Familie Preston, sich Sorgen zu machen. Es gab kein Lebenszeichen von John Carson. Hatte er einen Unfall gehabt? Oder könnte er Pferd und Schlitten einfach behalten und unterschlagen haben? Mr. Preston beschloss, einige Informationen über John Carson einzuholen. Da es meilenweit ringsum keinen Sheriff gab, fragte Mr. Preston einige der Leute, die John Carson kannten oder denen er Uhren verkauft hatte. Mr. Preston stellte dabei schon bald fest, dass John Carson mehreren Leuten eine stattliche Summe schuldete. Mr. Preston erfuhr auch, dass Carson dem Farmer, für den er gearbeitet hatte, mehrere Dinge gestohlen hatte.

»Er ist schon seit vier Tagen verschwunden, Preston«, sagte Mr. Bennett, der Farmer. »Sie können ihn unmöglich einholen, geschweige denn überhaupt irgendwie ausfindig machen.« Traurig nickte Mr. Preston zustimmend. Ein Pferd und einen Schlitten zu verlieren war für eine Familie von Siedlern, die ums Überleben kämpfen musste, ein schwerer Schlag. (Zu dieser Zeit – Anfang des 19. Jahrhunderts – wohnten in den USA vor allem Siedler aus Europa, die erst kürzlich eingewandert waren und es zunächst schwer hatten, ein neues Leben aufzubauen.)

»Ich verkaufe Ihnen gerne ein Pferd«, bot der Farmer an, »aber ich habe keinen zweiten Schlitten übrig.«

»Danke, Bennett«, antwortete Mr. Preston und nahm das Angebot freudig an. »Ich werde es Ihnen bezahlen, sobald ich kann.«

Mr. Bennett lächelte nur und nickte. Er wusste, wie schwer es war, selbst das Geld für die kleinsten nötigen Dinge zu verdienen. Aber er gab Mr. Preston gerne das Pferd.

»Gott wird für Sie und Ihre Familie sorgen«, sagte der Farmer.

»Ja, das wird er«, stimmte Mr. Preston zu; aber er war besorgt. Wie sollte er Mr. Bennett das Pferd bezahlen? Und wie sollte er einen neuen Schlitten bezahlen können?

Drei Wochen vergingen, und noch immer war von John Carson nichts zu hören. Eines Abends, als Mr.

Preston nach der Arbeit ins Haus kam, lächelte er seine Frau an.

»Ich werde mir keine Sorgen mehr um meinen Schlitten und mein Pferd machen. Ich glaube, dass der Herr sie mir wiedergeben wird«, sagte er ruhig.

»Wie kommst du darauf?«, fragte seine Frau.

»Ich habe dafür gebetet«, antwortete er. »Ich bat Gott, John Carson aufzuhalten und es so zu führen, dass ich mein Pferd und meinen Schlitten irgendwie zurückbekomme. Ich glaube, der Herr wird mein Gebet erhören.«

Mr. Preston war von dem Frieden erfüllt, den nur der Herr den Gläubigen geben kann. Er hatte seine Sorgen auf den Herrn geworfen und nun vertraute er darauf, dass der Herr ein Unrecht wieder in Ordnung bringen wird.

Einige Tage später nahm Mr. Preston das Pferd von Mr. Bennett und ritt in die Stadt, um Vorräte zu besorgen. Dabei machte er beim Postamt Halt. Bei seiner Post war auch ein Brief mit einem Stempel aus Littleton in New Hampshire, dem östlichen Nachbarstaat von Vermont. Erstaunt öffnete Mr. Preston den Brief. Sein Herz wurde mit Dankbarkeit erfüllt, als er die kurze Nachricht las:

»Mr. Preston, ich bin der Gastwirt hier in Littleton. Da John Carson nicht schreiben kann, bat er mich, Ihnen zu sagen, dass er Ihr Pferd und Ihren Schlitten hier gelassen hat. Kommen Sie bitte zur Gaststätte nach Littleton und fragen Sie nach John Niles.«

Schnell kehrte Mr. Preston heim, um seiner Frau die gute Nachricht mitzuteilen. Gemeinsam bereiteten sie seine Reise nach Littleton vor. Am nächsten Tag brach Mr. Preston zu der etwa vierzig Meilen weiten Reise nach Littleton auf, wo er sein Pferd und seinen Schlitten sicher und wohlbehalten vorfand. John Niles, der Gastwirt, erzählte Mr. Preston, was er über die seltsame Geschichte mit John Carson wusste.

»Letzte Woche kam eines Nachts etwa um Mitternacht John Carson hierher und bat um ein Abendessen. Er werde nicht bis zum Morgen bleiben, sondern wolle so schnell wie möglich weiter. Aber er wollte das Pferd und den Schlitten hier lassen und bat mich, Ihnen diesen Brief zu schreiben. Ihm schien ziemlich mulmig zu sein, und er erklärte, er habe das Pferd und den Schlitten verkaufen wollen, um Schulden zu bezahlen, die er bei jemand anderem hatte. Er zog um etwa zwei Uhr in der Nacht auf einem alten Pferd weiter, das vorher hinten am Schlitten angebunden gewesen war.«

John Carson beglich niemals auch nur eine der Schulden, die er bei mehreren Leuten in der Gegend hatte, und seitdem hat auch niemand je wieder von ihm gehört.

Seht nur, wie der Herr für die Seinen sorgt! Seht nur, wie der Herr die Seinen lehrt, selbst dann auf ihn zu vertrauen, wenn menschlich gesehen alles unmöglich erscheint! »Sorgt euch um nichts, sondern lasst in jeder Lage eure Anliegen durch Gebet und Flehen verbunden mit Danksagung vor Gott kund werden! Dann wird der Friede Gottes, der höher ist als aller Verstand, eure Herzen und euer ganzes Denken in Christus Jesus bewahren« (Philipper 4,6-7).

Frage: Worauf hat Mr. Preston vertraut, als er seinen Schlitten zunächst nicht zurückbekam?

Schriftlesung: 1. Samuel 5,1-6.16

Anregungen zum Gebet:

✶ Bring jede Sorge zu Gott. Sage ihm, wie dankbar du für all seine Liebe und Heiligkeit bist.

❖ Bitte den Herrn, dich davor zu bewahren, dass in deinem Herz und Denken sündige und böse Gedanken und Begierden aufkommen.

Teil 2

Kindlich fester Glaube

18. Roberts Rache

Robert hörte, wie seine Lehrerin den Lernvers der Woche vorlas und eine Frage dazu stellte: »›Wenn nun dein Feind Hunger hat, so gib ihm zu essen; wenn er Durst hat, so gib ihm zu trinken! Denn wenn du das tust, wirst du glühende Kohlen auf seinen Kopf sammeln.‹ Dieser Text steht in Römer 12,20. Kann mir jemand sagen, was das bedeutet?«

Bevor überhaupt jemand die Hand heben konnte, um zu antworten, ballte Robert die Faust und zischte: »Nein!«

»Entschuldige, Robert«, sagte Mrs. Burns, »Verstehst du den Text nicht?«

»Doch, ich verstehe ihn«, antwortete er hitzig, »aber was da steht, werde ich niemals tun!«

»Komm doch nach der Stunde einmal zu mir, Robert. Vielleicht kannst du mir dann erklären, warum du so ärgerlich bist.«

Für den Rest der Stunde saß Robert nur noch mürrisch herum. Nach dem Unterricht wartete er auf Mrs. Burns. Als alle anderen gegangen waren, rief Mrs. Burns Robert zu ihrem Pult und sagte: »Nun, Robert, erkläre mir bitte, warum du dich eben in unserem Bibelunterricht so benommen hast.«

»Was in dem Vers steht, ist einfach nicht fair!«, brach es aus Robert heraus. »Wenn Sie so einen Feind hätten wie ich, dann wären Sie auch nicht nett zu ihm. Sie würden ihn lieber verhungern lassen!«

»Aber Robert!«, rief Mrs. Burns entsetzt. »Wie kannst du nur so etwas sagen? Was ist nur geschehen, das dich so verbittert hat?«

Robert kochte vor Wut, als er Mrs. Burns daraufhin seine Geschichte erzählte: »Peter wohnt im selben Haus wie ich. Er ist immer gemein zu mir. Gestern zum Beispiel kam ich gerade von der Schule nach Hause, da rief er mir vom Fenster im vierten Stock aus zu. Er hatte meine Lieblingskatze Jessie in der Hand und drohte mir, sie runter zu werfen. Ich schrie: ›Nein! Bitte tu Jessie nicht weh!‹ Aber er lachte nur und warf sie trotzdem runter.« Hier versagte Robert die Stimme und er fing an zu schluchzen. Mrs. Burns legte ihren Arm um seine zitternden Schultern.

»Hat sich Jessie denn dabei schlimm verletzt?«, fragte sie.

»Ach, Mrs. Burns«, sagte er unter Tränen, »ich hob sie auf und legte sie in mein Bett. Ich schlief auf dem Fußboden und sah die ganze Nacht immer wieder nach ihr. Aber am Morgen war Jessie tot! Bevor ich heute früh zur Schule ging, musste ich noch einen Ort suchen, an dem ich sie begraben konnte.«

»O Robert!« Mrs. Burns versuchte ihn zu trösten. »Peter hat etwas sehr Böses getan; aber unser Text für diese Woche sagt …«

»Niemals!« unterbrach Robert sie. »Niemals würde ich ihm helfen! Und wenn ich so lange warten müsste, bis ich erwachsen bin, ich werde es ihm heimzahlen!« Noch bevor Mrs. Burns versuchen konnte, vernünftig mit Robert zu reden, rannte er aus dem Raum.

Als er nach draußen lief, musste er feststellen, dass es regnete und ein eisiger Wind wehte. Er entschloss sich, nach Hause zu gehen, obwohl seine Eltern noch nicht von der Arbeit zurück sein würden. Er betrat das Wohnhaus und ging an der Tür vorbei, hinter der Peter und sein Vater wohnten. Peter war allein zu Hause, und seine Tür stand einen Spalt weit offen. Als Robert vorbeiging, rief Peter spöttisch: »Miau! Miau!«

Robert wurde rot vor Wut. Er hielt sich die Ohren zu und rannte in seine Wohnung. Dann ging er in sein Zimmer, warf sich auf sein Bett und murmelte: »Und so einem sollen wir zu essen geben, wenn er Hunger hat? Niemals!« An diesem Abend schlief Robert voller hasserfüllter Gedanken auf Peter ein.

Als Robert am nächsten Morgen auf dem Weg zur Schule an Peters Tür vorbei eilte, hörte er jemanden weinen. Er stoppte und näherte sich neugierig der Tür. Sie stand einen Spalt weit offen; also schaute er hinein. Dort lag Peter auf seinem Bett mit roten Wangen und glühte vor Fieber. »Ach, Robert«, stöhnte er, als er ihn im Flur stehen sah, »bitte ruf die Vermieterin. Mein Vater ist fort, und ich fühle mich schrecklich. Ich brauche Hilfe!«

»Wirklich? Du fühlst dich schrecklich? Das ist fein! Ich freue mich, das zu hören!« Robert schnitt Peter eine Fratze und ging. Dabei schloss er Peters Tür fest zu, damit niemand hören konnte, wenn er um Hilfe rief. Robert rannte schnell zur Schule und pfiff dabei fröhlich. Er hoffte, dass Peter lange krank sein würde.

Robert war den ganzen Tag besser gelaunt als sonst. Es machte ihm nicht einmal etwas aus, dass er nach der Schule im Regen Zeitungen austragen musste. Er beeilte sich, alle seine Zeitungen schnell in den Straßen seines Bezirks zu verteilen, damit er schnell nach Hause konnte, und er hoffte, dass Peter immer noch krank war. Als er aber an Peters Tür vorbeiging, sah Robert, dass dort Licht brannte und Mrs. Clark, die Vermieterin, bei ihm war. Sie sagte: »Nun trink dies doch, Peter; vielleicht kannst du dann für eine Weile schlafen. Ich muss jetzt zurück an die Arbeit, sonst wird das Abendessen nicht rechtzeitig fertig sein.«

Robert ärgerte es zu sehen, dass jemand Peter half. Er wartete aber ab, bis Mrs. Clark in die Küche zurückging, und betrat Peters Zimmer. Robert lehnte sich gegen den Türrahmen und fragte: »Na, wie geht's? Macht es Spaß, krank zu sein?« Robert versuchte, gemein zu klingen, aber Peter war zu krank, um das zu merken. »Ach, Robert!«, stöhnte er. »Ich habe so schlimme Schmerzen, und mir tut der Kopf so weh. Es ist, als ob ich glühende Kohlen auf dem Kopf hätte.« Als er die Worte »glühende Kohlen« hörte, wurde Robert blass vor Schreck und dann rot vor Wut. Er erinnerte sich an den Lernvers Römer 12,20, den Mrs. Burns in der Schule durchgenommen hatte und der so endet: »...wenn du das tust, wirst du glühende Kohlen auf seinen Kopf sammeln.« Ohne ein weiteres Wort zu sagen, rannte Robert zurück in seine Wohnung.

An diesem Abend ging Robert wie gewöhnlich zu Bett, konnte aber nicht einschlafen. Immer wieder kamen ihm die Worte des Bibelverses in den Sinn: »Glühende Kohlen; glühende Kohlen; glühende Kohlen.« Wohin er auch sah, überall schienen ihm diese Worte vor Augen zu stehen. Er konnte hören, wie die Stunden vergingen; die Uhr im Kirchturm schlug eins. Schließlich sagte er laut: »Gut, ich werde es tun! Ich werde es tun!« Es kam ihm vor, als spräche er zu einem unsichtbaren Feind.

Sofort danach schlief Robert ein, aber am nächsten Morgen erinnerte er sich an sein Versprechen. Als er an Peters Tür vorbeikam, sah er jedoch, dass Peters Vater bei ihm war. »Gut«, dachte er. »Dann muss ich mich jetzt nicht um ihn kümmern.« Mit dieser Entschuldigung setzte Robert seinen Weg zur Schule fort. Aber an diesem Tag schien alles schiefzugehen. Er konnte sich nicht auf seine Aufgaben konzentrieren. Nach der Schule eilte Robert schnurstracks nach Hause in sein Zimmer. Er musste immer noch an sein Versprechen denken. Schließlich entschied er sich, es einzuhalten. Er wollte heute Nacht nicht wieder wach liegen.

Peters Tür stand wieder etwas offen, als Robert herunterging. Peter lag mit dem Gesicht zur Wand. Robert ging zum Bett und fragte in einem scharfen

Tonfall: »He, Peter, brauchst du etwas?« Wie sehr hasste er es, zu Peter auch nur zu reden! Aber er war entschlossen, sein Versprechen zu halten.

»Ich bin so durstig. Sie haben vergessen, mir etwas Wasser zu bringen.« Peters Stimme klang sehr schwach.

»Gib ihm zu trinken!«, murmelte Robert, als er ein Glas Wasser holte und es Peter gab. Dann fragte er widerwillig: »Hast du Hunger?«

Peters Antwort bestand in einem schrecklichen Stöhnen. Nun hatte Robert ein Problem. Wie konnte er den zweiten Teil des Bibeltextes einhalten? Er verließ das Zimmer, ging schnell zu einem Obsthändler in der Nähe und fragte ihn: »Sir, haben Sie Arbeit, die ich für Sie tun könnte?«

»Nun, lass mich schauen. Ja, hier ist ein Obstkorb, der an diese Adresse ausgeliefert werden muss.«

»Danke, Sir.« Robert nahm den Korb, lieferte ihn aus und war bald zurück. Er bekam nicht viel Geld dafür, aber er kaufte davon eine große, saftige Orange. Dann kehrte Robert in Peters Wohnung zurück, teilte die Orange in kleine Stücke und half Peter, sich aufzusetzen, um sie zu essen. Peters dankbarer Gesichtsausdruck war Robert unangenehm. Aber er erinnerte sich rasch, dass er Peter nur deshalb zu essen gab, weil er es musste. Als Peter die Orange aufgegessen hatte, sprang Robert auf, um zu gehen, und sagte: »So! Ich habe dir zu essen und zu trinken gegeben. Damit habe ich meine Pflicht getan!«

Als Robert gerade gehen wollte, rief Peter: »Bitte geh noch nicht. Ich fühle mich sehr einsam, wenn niemand hier ist.«

»Kommt nicht in Frage! Das steht nicht in dem Bibelvers«, sagte Robert, ging seelenruhig weg und ließ Peter verdutzt für die Nacht allein zurück. Aber Robert erledigte weiterhin kleine Hilfsjobs beim Obsthändler. An vielen Abenden brachte er Peter zu essen und zu trinken, aber nur weil er meinte, es tun zu müssen.

Dann aber, als Robert eines Abends wie üblich kam, fragte Peter ihn plötzlich: »Robert, denkst du, dass ich jemals wieder gesund werde?«

»Ich weiß nicht. Warum fragst du so was?«

»Papa hatte den Arzt gerufen, aber nachdem der mich untersucht hatte, schüttelte er nur den Kopf. Ich glaube, ich muss sterben. Ach, Robert! Ich habe solche Angst! Und bevor ich sterbe, möchte ich dir sagen: Es tut mir leid, was ich deiner Katze angetan habe.« Peter begann zu schluchzen und auch der Eispanzer um Roberts Herz schmolz.

»Ach Peter, das ist okay. Jessie war schon ziemlich alt und wäre wahrscheinlich sowieso bald gestorben. Mach dir deswegen keine Sorgen. Aber ich hoffe, du wirst nicht sterben! Ich werde so viel für dich sorgen wie möglich, Peter!«

An jenem Abend kniete Robert neben seinem Bett nieder. Er sah ein, dass die Bibel Recht hatte. Er durfte nicht versuchen, sich zu rächen. Jetzt konnte er für

Peter beten, dass er gesund wird. »O Herr«, betete er, »bitte hilf mir, immer zu tun, was die Bibel sagt – aber hilf mir, es nicht nur stumpfsinnig abzuarbeiten, sondern es von Herzen zu tun! Bitte mach Peter wieder gesund und schenke uns beiden ein neues Herz.«

Wie sehr war Robert dankbar zu sehen, dass der Herr sein Gebet erhörte! Drei Wochen später half er Peter, der noch schwach auf den Beinen war, an einem warmen Frühlingstag spazieren zu gehen. Die Jungen fühlten sich bald wie Brüder eng verbunden. Sie begannen, gemeinsam in der Bibel zu lesen, wenn sie in der Sonne saßen. Beide lernten, Gottes Wort zu erforschen und wertzuschätzen. Sie beteten, dass Gott ihnen beibringt, immer seinem Willen zu gehorchen.

Frage: Hatte Robert einen Nachteil dadurch, dass er dem Gebot aus Römer 12,20 gehorchte?

Schriftlesung: Römer 12,3-21

Anregungen zum Gebet:

✶ Danke Gott dafür, dass er dich schon geliebt hat, als du noch sein Feind warst und nicht an ihn dachtest. Danke ihm dafür, dass er dich verändert hat, so dass du ihn jetzt liebst statt ihn zu hassen.

❖ Bitte den Herrn, aus dir jemanden zu machen, der ihn von Herzen liebt statt nur Lippenbekenntnisse ablegt, die nicht von Herzen kommen.

19. Der mutige kleine Schuhputzer

Ein kleiner Junge, der als Schuhputzer arbeitete, stand am Eingang eines Stadthotels und wartete geduldig auf Arbeit. Bald kamen zwei vornehm gekleidete junge Herren aus dem Hotel, die Zigarren rauchten und bei dem Jungen stehen blieben.

»Nun denn, Kleiner«, sagte einer von ihnen und stellte einen Fuß auf den Schuhputzkasten des Jungen, »dann zeig mal, ob du dein Handwerk verstehst.«

Der Schuhputzer schrubbte und polierte den Stiefel des Mannes und gab sein Bestes, so dass der Stiefel bald wie neu glänzte. Währenddessen versuchten die jungen Männer, den kleinen Jungen einzuschüchtern und zu noch schnellerem Arbeiten anzutreiben, indem sie ihm Flüche an den Kopf warfen. Der Junge hielt das so lange aus, wie er nur konnte; als aber der eine Stiefel fertig war, hörte er auf und steckte seine Bürsten wieder in den Kasten.

»Was tust du da?«, schrien die jungen Männer ärgerlich.

»Ich werde Ihre Stiefel nicht zu Ende putzen«, antwortete der kleine Junge mutig.

»Was soll denn das heißen – du wirst sie nicht zu Ende putzen?!«, rief der junge Mann aus und fluchte fürchterlich. »Dann wirst du kein Geld kriegen!«

»Ich will Ihr Geld nicht«, sagte der kleine Junge. »Ich will nicht länger anhören müssen, wie Sie fluchen.«

»Lass den Jungen doch in Ruhe«, sagte der andere junge Mann, »und lass ihn seine Arbeit zu Ende bringen.«

»Na gut«, antwortete der Mann, der zuerst geredet hatte, »aber das ist schon selten komisch: ein Schuhputzer, der Angst vorm Fluchen hat!«

»Wissen Sie denn nicht, dass Fluchen Sie teuer zu stehen kommt?«, rief der Junge aus.

»Du meinst ernsthaft, dass Fluchen seinen Preis hat?«, fragte der erste junge Mann erstaunt.

»Ja, Sir«, antwortete der kleine Schuhputzer in ernstem und feierlichem Ton. »Ohne die Vergebung durch das Blut Jesu Christi wird Sie das Fluchen Ihre Seele kosten.«

Frage: Was sagt uns Jakobus 3,10 über Leute, die in einem Moment Gott loben und im nächsten Moment fluchen?

Schriftlesung: Apostelgeschichte 4,13-22

Anregungen zum Gebet:

✶ Danke dem Herrn für seine Gnade, dass er dich von deiner Sünde errettet hat und nie wieder an sie denkt. Bitte ihn, dass du seine Gebote und Zurechtweisungen achten kannst. Bitte ihn, dir zu helfen, im Kampf gegen die Sünde in deinem Leben siegreich zu sein.

- ❖ Bitte den Herrn, dich davon zu überführen, dass du mit deinem Mund Gott verunehrt hast. Bitte ihn, dir diese Sünde zu vergeben und deine Seele ewig zu bewahren.

20. Das kleine Mädchen und der Strafgefangene

Im Wartesaal eines Bahnhofs in England ging ein Mann mit seiner fünfjährigen Tochter an der Hand auf und ab. Sie warteten auf den Zug. Währenddessen kamen zwei Polizisten herein, die einen Strafgefangenen in Handschellen mit sich führten. Er war ein sehr übler Mann; er war gerade erst zu 20 Jahren Gefängnis verurteilt worden. Die Polizisten überführten ihn jetzt ins Gefängnis. Sie ließen ihn in einer Ecke des Saals Platz nehmen. Er sah sehr böse aus und alle Leute hielten Abstand zu ihm.

Als der Mann mit seiner kleinen Tochter im Saal auf und ab ging, konnte das Mädchen seine Augen nicht von dem Strafgefangenen abwenden. Zuerst fürchtete sie sich vor ihm; als sie aber die Ecke des Saals erreicht hatten, wo er saß, ließ sie die Hand ihres Vaters los und ging zu dem Strafgefangenen. Mit freundlicher Stimme und Tränen in den Augen sagte sie zu ihm: »Du tust mir leid.«

Der Strafgefangene blickte sie finster an, und sie rannte zu ihrem Vater zurück. Sie gingen weiter umher, und als sie wieder in seine Nähe kamen, ließ sie erneut die Hand ihres Vaters los und sprach den Strafgefangenen wieder genauso freundlich an: »Dem Herrn Jesus tust du auch leid.«

Dann kam der Zug und das Mädchen stieg mit ihrem Vater ein. Die Polizisten und der Strafgefangene betraten einen anderen Waggon. Das kleine Mädchen sah den Strafgefangenen nie wieder.

Als die Polizisten das Ziel ihrer Reise erreicht hatten, übergaben sie den Strafgefangenen an den Gefängniswärter. »Es tut uns leid, dass wir Ihnen das mitteilen müssen«, sagte einer der Polizisten, »aber dieser Strafgefangene ist sehr übellaunig, aggressiv und widerspenstig. Man kann kaum mit ihm klarkommen, und wir fürchten, er wird Ihnen eine Menge Ärger machen.«

Der Gefängniswärter war besorgt. Er hatte hier schon viele schwierige Fälle und wollte nicht noch einen weiteren dazu haben. Er traf besondere Vorsichtsmaßnahmen, damit der Strafgefangene auf keinen Fall fliehen oder den Mithäftlingen gefährlich werden konnte.

Zur großen Überraschung des Gefängniswärters hatte er aber nie Probleme mit diesem Mann. Der Strafgefangene tat, was immer man ihm sagte, und zeigte stets ein respektvolles und freundliches Verhalten. Der Gefängniswärter wusste nicht, wie er daraus schlau werden sollte. Darum sprach er den Strafgefangenen nach einer Weile an und fragte ihn, warum er denn ganz anders war als sein Ruf.

»Mein Herr«, antwortete der Strafgefangene, »was man über mich berichtet hat, ist wahr. Ich war früher so schlecht wie ich nur konnte, aber jetzt bin ich ein anderer Mensch.«

Er fuhr fort zu erzählen, was das kleine Mädchen zu ihm gesagt hatte, als er im Bahnhof auf den Zug wartete. »Ihre freundlichen Worte haben mein hartes Herz erweicht«, sagte er. »Sie erinnerte mich an meine Mutter. Sie war gottesfürchtig und ist jetzt im Himmel. Die Worte des Mädchens zeigten mir, was für ein schlimmer Sünder ich war, und ich kehrte reumütig zu Gott um. Er erhörte mein Gebet, vergab mir und schenkte mir Frieden in Christus. Jetzt bin ich ein neuer Mensch und diene Jesus Christus.«

Der Gefängniswärter war erstaunt. Als er nach ein paar Monaten überzeugt war, dass der Strafgefangene ihm die Wahrheit gesagt hatte, erlaubte er ihm, zu den Mithäftlingen zu reden. Er wurde in diesem Gefängnis vielen zum Segen. Der Strafgefangene vergaß niemals das kleine Mädchen, dessen Worte Gott benutzte, sein Gewissen zu treffen und ihn zu Jesus zu führen.

Frage: Was hatte das kleine Mädchen mit der Mutter des Strafgefangenen gemeinsam? Warum hatte das auf ihn eine so enorme Wirkung?

Schriftlesung: 1. Timotheus 1,12-17.

Anregungen zum Gebet:

* Danke Gott dafür, dass sein Mitgefühl zu uns so groß war, dass er seinen Sohn Jesus Christus als Baby auf diese Erde sandte, um schließlich am Kreuz zu leiden und zu sterben. Danke ihm dafür, dass er sein Volk so sehr geliebt hat, dass er sich

über sie erbarmte, obwohl sie schlimme Sünder sind, und beschloss, sie ohne Gegenleistung von ihrer Sünde zu retten.

❖ Bitte den Herrn, dein Gewissen zu treffen und dir deine Sünden klarzumachen, die du begehst. Bitte den Herrn, in deinem Leben die Führung zu übernehmen.

21. Tom und Tiger

An einem schönen Sommertag ging Tom mit seinem Hund »Tiger« langsam die Straße hinab. Tom dachte über all das nach, was im vergangenen Jahr geschehen war. Es war ein schwieriges Jahr gewesen, und Tom würde es nie vergessen. Ungefähr ein Jahr zuvor bekam Tom von seinem Onkel Tiger zum Geburtstag geschenkt. Sein Onkel war zu ihm auf den Hof seines Hauses gekommen und hatte dabei eine Karre hinter sich hergezogen – und darin war der Hund. Als Tom den Hund sah, nahm er ihn sofort in die Arme. Tiger freute sich über seinen neuen Herrn und leckte liebevoll sein Gesicht. Innerhalb einer Stunde waren sie die besten Freunde.

Tom hatte ein freundliches und fröhliches Gesicht; und wenn er für eine Woche bei euch zu Besuch wäre, dann würdet ihr ihn für einen der nettesten Jungen halten, die ihr je kennengelernt habt. Aber irgendwann würdet ihr auch merken, dass er auch schlechte Laune haben kann. Ihr würdet erschrecken, wenn ihr sehen würdet, wie sein Gesicht rot vor Zorn wird und er mit den Füßen aufstampft, seine kleine Schwester schubst, frech zu seiner Mutter ist und vor allem dem Herrn Jesus ungehorsam ist.

Diese Geschichte beginnt kurz nachdem Tiger und Tom Freunde wurden. Es war in den letzten Sommer-

ferien, da gingen Tiger und Tom zusammen die Straße entlang, als sie Richard Casey trafen, einen Jungen aus Toms Schulklasse.

»Richard!«, rief Tom. »Ich gehe zur Getreidescheune meines Vaters. Lass uns dort auf dem Dachboden spielen!«

Richard war gerade mit der Arbeit im Garten seiner Mutter fertig und hatte nun Zeit, um etwas zu unternehmen. Darum gingen die beiden zusammen und spielten auf dem Dachboden der großen Scheune. Sie hatten eine Weile lang viel Spaß zusammen. Dann aber begannen sie, sich wegen etwas zu streiten, was einer der Jungen gesagt hatte. Es war ein dummer Streit und nicht wert, sich darüber aufzuregen; aber schon bald fielen zornige Worte, und dann verlor Tom leider die Beherrschung. Er schlug und trat sehr schlimm auf Richard ein. Tiger, der sich scheinbar wegen seines Herrn schämte, zog stark an Toms Jacke und winselte, aber vergebens. Schließlich hörte Tom auf Richard zu schlagen, aber nur, weil er erschöpft war.

»Wer hat jetzt Recht?«, schrie Tom. »Du oder ich?«

»Ich!« rief Richard heulend. »Und du bist ein Lügner!«

Tom stürzte sich erneut auf Richard und gab ihm einen harten Stoß. Richard stand direkt neben der offenen Ladetür des Dachbodens. Er schrie, warf seine Arme hoch, um sich irgendwo festzuhalten, aber einen Sekundenbruchteil später war er schon durch die Luke nach draußen gestürzt und verschwunden. Toms Herz stockte und ein eisiger Schauer lief ihm über den Rücken. Zuerst war er vor Schreck gelähmt, aber dann lief er schnell die Leiter zu Richard hinab. Ein paar Männer hatten Richards Schrei gehört und waren zu Hilfe geeilt. Besorgt beugten sie sich über ihn.

»Ist er tot?«, kreischte Tom hysterisch. »Nein«, antwortete einer der Männer; »wir hoffen zumindest, dass er lebt. Wie ist er heruntergefallen?«

»Er ist nicht gefallen«, stöhnte Tom mit bleichem Gesicht. »Ich habe ihn gestoßen.«

Alle wandten sich schweigend Tom zu. »Du hast ihn gestoßen? Ja, was hast du dir denn dabei gedacht?«, schrie einer der Männer.

Tom ließ traurig den Kopf hängen. Er blieb die Antwort schuldig. Die Männer wandten sich schnell wieder dem bewusstlosen Jungen zu. Manche von ihnen sahen ihn finster an. Kurz darauf folgte Tom der Menge, als sie Richard in den Lagerraum trugen. Es kam ihm vor wie ein böser Traum.

»Ist er schwer verletzt?«, fragte jemand.

»Nur seine Hände«, war die Antwort. »Das Seil des Lastenaufzugs hat ihn gerettet. Er griff danach, als er fiel; aber seine Hände sind übel zugerichtet. Er ist vor Schmerz bewusstlos geworden.«

In diesem Augenblick kam Toms Vater herein und begriff schnell, was geschehen war. Der sorgenvolle und mitleidige Blick, den er seinem unglücklichen Sohn zuwarf, war zu viel für Tom. Er verließ leise die

Scheune, und der treue Tiger folgte ihm. Gemeinsam trotteten sie durch den Wald, bis sich Tom schließlich zu Boden fallen ließ. Noch vor einer Stunde war er ein fröhlicher Junge gewesen, der mit einem Schulfreund spielte. Und jetzt – welch schreckliche Wendung! Was war der Grund für dieses Unglück? Allein sein böses, aggressives Temperament. Seine Mutter hatte ihn schon oft gewarnt und ihm gesagt, was für schlimme Dinge deswegen passieren könnten. Sie hatte ihm gesagt, dass kleine Jungen, die nicht lernen, ihr Temperament zu beherrschen, zu gottlosen Männern heranwachsen und womöglich in einem Moment des Zorns jemanden umbringen können. Sie hatte Tom gedrängt, Gott zu bitten, ihm ein neues Herz zu schenken.

Jetzt schauderte Tom der Gedanke daran, dass er fast seinen Freund umgebracht hätte! Allein Gottes große Gnade, dass das Seil an genau der richtigen Stelle für Richard hing, hatte Tom davor bewahrt, für den Rest seines Lebens diese schwere Last der Schuld und Trauer zu tragen. Der arme Richard – und vielleicht könnte er sogar doch noch an den Verletzungen sterben! Er sah so blass und stumm aus! Tom fiel auf die Knie und bat Gott, Richard zu bewahren und gesund zu machen. Unter Tränen bat er den Herrn, ihm zu vergeben und ihm ein neues Herz zu schenken. Er bat Gott, ihm zu helfen, seine schrecklichen Launen und Wutausbrüche zu überwinden.

Tom konnte die Spannung nicht mehr ertragen. Er musste einfach wissen, wie es Richard ging. Darum ging er zu Richards Mutter, einer Witwe. Als er an die Tür des Häuschens klopfte, schickte Mrs. Casey ihn zornig weg.

»Du hast mir heute schon mehr als genug Kummer gemacht!«, schimpfte sie.

Aber Richard bat sie von drinnen mit schwacher Stimme: »Ach, Mutter, lass ihn herein! Ich war doch ebenso böse wie er.«

Tom war so froh, Richards Stimme zu hören, und eilte an sein Bett. Da lag der arme Richard mit verbundenen Händen und sah ziemlich blass aus. Aber Tom war dankbar, dass er am Leben war.

»Ich frage mich, wie ich jetzt über die Runden kommen soll«, seufzte Mrs. Casey, als sie auf ihren Sohn sah. »Richard kann mir jetzt zu Hause nicht mehr so helfen wie bisher. Wer wird im Garten Unkraut jäten und mein Gemüse auf den Markt bringen? Ich fürchte, wir werden nichts zu essen haben, wenn der Winter kommt.« Sie hielt sich die Schürze vors Gesicht.

»Mrs. Casey«, sagte Tom eifrig, »ich werde alles tun, was Richard getan hat. Ich werde die Kartoffeln und die Bohnen verkaufen und Mr. Browns Kühe auf die Weide führen und wieder zurück.«

Mrs. Casey schüttelte ungläubig den Kopf, aber Tom hielt Wort. Jeden Tag hütete er Mr. Browns Kühe, trieb sie frühmorgens auf die Weide und abends wieder zurück in den Stall. Der Garten von Witwe Casey war so gut gepflegt wie noch nie. Und jeden

Morgen, nachdem die Kühe auf die Weide gebracht worden waren, standen Tiger und Tom treu auf dem Markt, um das Gemüse aus Mrs. Caseys Garten zu verkaufen. Sie blieben immer so lange dort, bis das ganze Gemüse verkauft war, so heiß der Sommertag auch werden mochte. Treu übergab Tom Mrs. Casey das Geld, wenn sie zurückkehrten.

Toms Vater ging oft über den Dorfmarkt und lächelte seinem Sohn ermutigend zu, aber er bot Tom keine Unterstützung an, um ihm in seiner schwierigen Lage zu helfen. Er wusste nämlich: Wenn Tom das selber schaffte, dann wäre das eine Lektion, die er nie vergessen würde. Tom war schon viel freundlicher und geduldiger geworden, und jeder bemerkte diese Veränderung. Seine Mutter freute sich über die echte Frucht seiner Buße und Selbstaufopferung und sie betete, dass diese Änderung wirklich dauerhaft sein möge.

Nach ein paar Wochen nahm man Richard den Verband von den Händen. Im Dorf gab es keinen guten Arzt; darum hatte Richard nicht die Behandlung bekommen, die er gebraucht hätte.

Jetzt waren seine Hände deformiert und seltsam verwachsen. Mrs. Casey konnte ihre Enttäuschung nicht verbergen.

»Er wird mir nie wieder so helfen können wie früher«, weinte sie. »Er wird nie wieder so sein wie andere Jungen. Er hatte eine so schöne Handschrift, und jetzt kann er fast gar nicht mehr schreiben!«

»Wenn wir doch nur wie die Leute in der Stadt einen guten Arzt hätten!«, seufzte ein Nachbar. »Vielleicht könnte ein Arzt selbst jetzt noch helfen, wenn man Tom zur Behandlung seiner Hände nach New York bringt.«

»Aber ich bin zu arm! Ich werde einen guten Arzt nie bezahlen können!«, weinte Mrs. Casey und brach in Tränen aus.

Tom konnte es nicht ertragen, sie weinen zu sehen; darum eilte er in den Wald hinaus, um nachzudenken. Er besaß kein Geld, das er ihr hätte geben können; er hatte der Witwe Casey schon sein bescheidenes Taschengeld gegeben. Auf einmal kam Tom eine Idee und er blieb stehen. Aber dann schüttelte er doch den Kopf und sagte: »Nein, nein! Das kann ich einfach nicht tun!«

Tiger leckte zärtlich seine Hände und sah ihn besorgt an. Jetzt folgte ein großer innerer Kampf. Tom streichelte Tiger und weinte dabei. Tiger winselte, leckte sein Gesicht, raste fort in eine dunkle Ecke und bellte wild irgendeinen imaginären (d. h. eingebildeten) Feind an. Dann kam er zurück, legte seine Pfoten Tom auf die Knie und wedelte in banger Zuneigung mit dem Schwanz. Schließlich nahm Tom die Hände aus seinem blassen, tränenüberlaufenen Gesicht, sah in die großen, zutraulichen Augen seines Hundes und sagte mit zitternder Stimme: »Tiger, alter Junge! Mein lieber Hund, könntest du mir je vergeben, wenn ich dich verkaufe?«

Dann flossen noch mehr Tränen, und Tom stand schnell auf, als ob er fürchtete, es sich noch einmal anders zu überlegen, und rannte aus dem Wald heraus. Er hetzte über die Felder, Tiger dicht auf seinen Fersen, und ruhte keinen Moment, bis er knapp zwei Meilen weiter vor Major Whites Tür stand.

Als der Major öffnete, fragte Tom ihn atemlos: »Wollen Sie Tiger immer noch kaufen, Sir?«

»Aber sicher, das würde ich gerne!«, antwortete der alte Mann sehr erstaunt, »aber willst du ihn wirklich verkaufen?«

»Ja, bitte«, keuchte Tom und wagte nicht, dem alten Mann in die Augen zu sehen.

Der Handel war schnell erledigt und Tom bekam das Geld. Er führte Tiger in Major Whites Scheune, schloss schnell das Tor und wandte sich um, um zu gehen. Mit einem dicken Kloß im Hals rief er: »Sie werden bestimmt lieb zu ihm sein, Major White, nicht wahr? Bitte schlagen Sie ihn nicht! Ich habe ihn nie geschlagen. Er ist der allerbeste Hund …«

»Nein, nein, mein Kind«, sagte Major White freundlich. »Ich werde ihn wie einen Prinzen behandeln, und falls du ihn je zurückkaufen möchtest, kannst du ihn haben.«

Tom würgte irgendwie ein verkrampftes »Danke« heraus und ergriff regelrecht die Flucht, als er hörte, wie Tiger verzweifelt am Scheunentor kratzte.

Richards Mutter nahm Toms Geld mit Freuden an und begann die Vorbereitungen um, Richard nach

New York City zu bringen. Ein Freund nahm den Jungen umsonst in die Stadt mit, und Toms Geld genügte, um die Operation zu bezahlen. Die krummen Finger wurden gerichtet und bald waren sie fast wieder so gut wir vorher. Das ganze Dorf liebte Tom für seine tapfere, selbstaufopfernde Gesinnung und für das, was er getan hatte, um die Folgen seiner Aggression wiedergutzumachen.

Ein paar Tage nach Richards Rückkehr hatte Tom Geburtstag, aber Tom war nicht gerade glücklich. Er freute sich zwar sehr über Richards Genesung, trauerte aber über den Verlust seines Freundes Tiger. Weil es sein Geburtstag war, durfte Tom den Tag verbringen, wie er wollte. Darum nahm er ein paar Bücher und ging an seinen Lieblingsplatz im Wald.

»Das ist doch ganz anders als an meinem letzten Geburtstag!«, dachte Tom. »Damals hatte ich gerade Tiger bekommen und war so glücklich; und doch habe ich ihn jetzt noch mehr lieb als damals.«

Tom seufzte, aber seine Gedanken hellten sich etwas auf: »Ich hoffe nur, dass manches jetzt besser wird als letztes Jahr. Ich habe gelernt, wie wichtig es ist, ein neues Herz zu haben. Ich hoffe, dass ich langsam meine Launenhaftigkeit überwinden kann, und mit Gottes Hilfe werde ich immer daran arbeiten, so lange ich lebe. Ich wünschte nur, dass ich genug Geld hätte, um den lieben alten Tiger zurückzukaufen! Trotzdem bereue ich es nicht, dass ich ihn verkauft habe, um Richard zu helfen.«

Als Tom noch tief in Gedanken war, hörte er einen eiligen, bekannten Schritt und ein kurzes, freudiges Bellen; da sprang ihm schon sein stattlicher, freundlicher Hund in die Arme.

»Tiger!« rief Tom und versuchte, verärgert zu klingen, konnte aber seine Tränen nicht zurückhalten. »Du unartiger Hund! Warum bist du weggelaufen?«

Tigers Antwort war, dass er einen Brief von der Erde aufnahm, den er zuvor bei seinem freudigen Bellen hatte fallen lassen, und er legte ihn Tom auf den Schoß. Rasch riss Tom den Umschlag auf und las:

> Mein lieber Junge,
> Tiger verschmachtet nach seinem geliebten Herrchen, und ich muss das tun, was das Beste für ihn ist. Ich möchte, dass er ein gutes Herrchen hat; und weil ich weiß, dass die besten Herrchen die sind, die gelernt haben, sich selbst zu beherrschen, sende ich ihn zu dir. Wirst mich dadurch glücklich machen, dass du für ihn sorgst?
>
> Dein alter Freund Major White
>
> P. S.: Ich kenne die ganze Geschichte. Lieber junger Freund: »… werdet nicht müde, Gutes zu tun!« (2. Thessalonicher 3,13)

Tom las diese Worte durch einen Schleier von Tränen. Er umarmte den Hund und dankte Gott – nicht nur weil er ihm seinen geliebten Hund zurückgegeben hatte, sondern auch, weil er ihm eine Lektion erteilt hatte, die er nie vergessen würde.

Frage: Was war bei Tom anders, als er Tiger zum zweiten Mal zum Geburtstag geschenkt bekam?

Schriftlesung: 1. Mose 4,1-15

Anregungen zum Gebet:

✶ Bitte Gott, dass er dir die Gesinnung schenkt, anderen gerne zu helfen. Bitte ihn, dich bereitwillig zu machen, selbst dann etwas zu geben, wenn es dir Unannehmlichkeiten bereitet und ein echtes Opfer ist.

❖ Bitte Gott, seine Macht auch über deine Laune und dein Temperament auszuüben. Bitte ihn um Vergebung für Selbstsucht und Wut. Bitte ihn, dich innerlich zu verändern und dich zu ihm zu führen.

22. William, der afrikanische Sklave

Ein kleiner Junge wanderte an der schönen Küste von Afrika entlang und erforschte dabei den Sandstrand. Alle paar Schritte bückte er sich, um eine Muschel aufzuheben. Wenn sie ihm gefiel, legte er sie in seinen handgeflochtenen Korb, worin sich nach und nach immer mehr Muscheln befanden. Er streckte sich und schaute zur Sonne, um zu sehen, wie spät es wohl war. Dann schaute er weiter den Strand herab und starrte vor Staunen: Einige Seeleute mit weißer Hautfarbe kamen auf ihn zu. Er hatte vorher noch nie Weiße gesehen und beobachtete sie neugierig.

Plötzlich stürmten die Männer auf ihn zu. Der Junge ließ seinen Korb fallen und floh. Aber die Seeleute waren schneller als er und hatten ihn bald erwischt. Er schrie und rief nach Vater und Mutter, aber die Seeleute waren stark und trugen das strampelnde Kind einfach weg auf ihr Schiff. Als sie ihn in den Frachtraum ganz unten im Schiff warfen, stieg ihm ein scheußlicher Gestank in die Nase. Es war stockfinster! Zuerst konnte der Junge gar nichts sehen. Er hörte ein Stöhnen und Kettenrasseln. Dann plötzlich schrie der Junge auf. Dort waren noch viele andere Afrikaner, die stöhnten und in Ketten lagen!

Einer der Seeleute ohrfeigte ihn und schrie ihn in einer Sprache an, die der Junge nicht verstand. Der Seemann schob den Jungen grob unter eine enge Planke (ein Brett im Schiffsboden) und spannte seine Knöchel in kalte Eisenfesseln. Der kleine Junge war so entsetzt, dass er nicht wagte, einen Laut von sich zu geben. Er lag regungslos da und starrte hoffnungslos auf die Planke über ihm. Sie war nur wenige Finger breit von seinem Gesicht entfernt.

Auf der scheinbar endlosen Reise übers Meer starben viele Gefangene und die meisten wurden krank. Auch der kleine Junge wurde krank, erholte sich aber wieder. Er war noch sehr schwach, als das Schiff auf Jamaika, einer Insel zwischen Nord- und Südamerika, ankam. Die Sklaven wurden auf einen Marktplatz getrieben und dort versteigert, also an den Meistbietenden verkauft. Auch der Junge wurde verkauft. Sein neuer Eigentümer und dessen Frau gaben ihm den Namen William und nahmen ihn mit nach England. Sie behandelten ihn recht gut, aber William vermisste seine geliebten Eltern schrecklich. Williams Ängste und Einsamkeit verwandelten sich bald in Verbitterung. Er sagte sich, dass alle Weißen böse Geister seien und dafür bezahlen müssten, was sie ihm angetan hatten; darum stahl er Essen, wenn er in der Küche arbeitete. Er tat, was man von ihm verlangte, aber er tat dies mit Hass und Bitterkeit im Herzen.

Viele Jahre vergingen. Dann rief eines Abends Williams Herr den jungen Sklaven zu sich. »William«, erklärte sein Eigentümer, »du wirst mit Kapitän Wells mitgehen. Er ist dein neuer Herr.« William wurde von Furcht erfüllt. Würde sein neuer Herr grausam sein? Würde er wieder auf dieses furchtbare Schiff müssen? Immerhin war dieser Mann ein Kapitän!

William war sehr erleichtert, als er erfuhr, dass er Kapitän Wells auf seiner Reise nach Amerika als dessen Leibdiener begleiten sollte. Er schlief in einem winzigen Raum neben der Kabine des Kapitäns. Seine Arbeit war nicht schwer. Das Leben auf dem Oberdeck eines Schiffes war sicher besser als im Frachtraum! Mit Schaudern dachte William an diese schrecklichen Wochen im Bauch des Sklavenschiffs. Er schwor sich, er würde niemals einen Weißen mögen oder ihm vertrauen.

Obwohl Kapitän Wells nicht zur Kirche ging, betrachtete er sich als Christ. Er war ein freundlicher Mann und schien Gottes Gebote zu halten. William meinte, dass er es mit einem so netten Herrn ganz gut getroffen hatte.

Nachdem sie in Amerika angekommen waren, hielten sie sich nur einen Monat lang dort auf. Der Kapitän hatte Geschäfte zu erledigen und erlaubte William oft, während seiner Geschäftstermine das zu tun, was er gern tun wollte.

An einem Abend, als Kapitän Wells bei einem seiner Freunde zum Abendessen war, ging William die Straßen entlang. Er bemerkte, dass viele Leute zu einem bestimmten Ort in der Stadt hingingen. Aus

Neugierde folgte er ihnen. Aus der Ferne konnte er eine große Menschenmenge sehen. Ein Mann stand auf einer Bühne. William kam bald nahe genug heran, um verstehen zu können, was dieser Prediger sagte. Von Anfang an schien es William so, als ob der Prediger speziell zu ihm ganz persönlich sprach. Er sprach von der Sünde – dass sie in jedem von uns wohnt und unsere Gedanken und Taten beherrscht. Dann las er aus der Bibel vor: »Und der HERR sah, dass die Bosheit des Menschen auf der Erde groß war und alles Sinnen der Gedanken seines Herzens nur böse den ganzen Tag« (1. Mose 6,5).

»Woher weiß dieser Mann so viel von mir?«, wunderte sich William.

William war zutiefst von Sünde überführt. Er sah ein, dass sein Lügen und Stehlen, sein Hass und seine Verbitterung allesamt schreckliche Sünden gegen einen heiligen und gerechten Gott waren. Es kam ihm vor, als ob der Prediger nur von ihm sprach, denn bestimmt war kein anderer so schlimmer Sünder wie er hier anwesend!

Aber der Prediger hatte noch mehr zu sagen. Er sprach über die Liebe Jesu Christi zu Sündern, die diese Liebe nicht verdienen. Nochmals schien es, als ob der Prediger nur William im Sinn hätte, als er sagte: »Jesus Christus kam, um für Sünder zu sterben – für schwarze Sünder genauso wie für weiße.«

William kamen die Tränen, denn ihm war klar, dass er die Liebe Christi nicht verdiente. Wie gern wollte er Jesus lieben, aber er wusste nicht wie; und das machte William sehr traurig.

Nachdenklich machte er sich auf den Weg zurück in sein kleines Zimmer. Dort faltete er die Hände und schloss die Augen, wie er es den Prediger hatte tun sehen. »Jesus«, sagte William, »ich habe heute einen guten Prediger gehört. Ich bin ein sehr schlimmer Sünder. Ich wusste nichts von dir und glaubte nicht an dich. Meine Gedanken und Taten sind nicht gut. Jesus Christus starb für schlimme Sünder. Das ist sehr gut, wirklich sehr, sehr gut, so etwas für schlimme Sünder zu tun. Ich muss Jesus Christus lieben, aber ich weiß nicht, wie das geht! Mein Herz kommt mit hart wie Stein vor. Ich möchte Jesus Christus lieben! Amen.«

William ging noch dreimal wieder in die Stadt zu dem »guten Prediger«. William hatte keinen Menschen, mit dem er reden konnte, aber er sagte alles Gott. »Lieber Gott«, sagte er, »der gute Prediger sagt, dass Gott es hört, wenn arme Menschen zu ihm rufen; darum rufe auch ich zu dir.« Und Gott erhörte William und machte, dass Gott ihm lieb und teuer wurde.

Bald war es Zeit für Kapitän Wells, zu seiner Frau und seinen Kindern nach England zurückzukehren. Auf der Reise schenkte der Kapitän William eine Bibel. Aber William konnte ja gar nicht lesen! Darum bat er einen Seemann, ihm das Lesen beizubringen. Der Seemann brachte William die Buchstaben des Alphabets bei, hatte aber weder Zeit noch Geduld, mit ihm lesen zu üben. Mit kindlichem Glauben bat William Gott, ihm das Lesen beizubringen. Weil er so hoch motiviert war, Gottes Wort zu verstehen, und weil er viel betete, dass Gott ihm helfen möge, lernte William zu lesen.

In jedem freien Augenblick, den er finden konnte, las William seine Bibel. Er las alles über Jesus Christus, wie er Sünder liebte, wie böse Männer ihn töteten, wie er starb und wieder auferstand. William musste weinen, als er darüber nachdachte, dass Jesus all das für ihn getan hat!

Die Seeleute auf dem Schiff bemerkten, dass William sich für die Bibel interessierte. Manche lachten ihn aus, andere ignorierten ihn, einer oder zwei respektierten ihn, und ein paar beschimpften ihn. William betete ständig im Herzen zu Gott. »Herr Jesus«, betete er, »ein paar Seeleute, die dich nicht liebhaben, nennen mich einen ›großen Dummkopf‹, einen ›Hund von einem Nigger‹ und einen ›schwarzen Heuchler‹. Und das macht mich sehr wütend. Aber dann muss ich daran denken, dass Christen nicht wütend sein sollen. Dich hat man übel und hässlich beschimpft, und doch warst du still wie ein Lamm; und darum will ich an dich denken, Jesus, und ihnen nichts darauf erwidern. Jesus hat wenig gesagt und viel gebetet. Und darum werde ich überhaupt nichts sagen.«

Als sie sicher in England gelandet waren, kaufte Kapitän Wells ein Haus in einem kleinen Dorf. William ging mit der Familie und hatte viel damit zu tun, ihnen beim Auspacken und beim Einzug zu helfen. William hatte auf dem Weg zu ihrem neuen Heim im Dorf eine Kirche gesehen und sehnte sich danach, die Gottesdienste zu besuchen; aber er hatte so viel zu tun, dass ihm das unmöglich war.

Nachdem die Familie eingezogen war, luden sie Freunde und Verwandte ein. William arbeitete in der Küche und die Arbeit nahm scheinbar kein Ende. Doch während der Arbeit sprach er zu den anderen Dienern von der großen Liebe Jesu Christi, der gekommen war, um für schlimme Sünder zu sterben. Oft ärgerte und verlachte man ihn dafür, dass er den Glauben so ernst nahm. Als er eines Sonntags seufzte, er würde gerne zur Kirche gehen, lachte eine Magd: »Zur Kirche? Hör auf zu träumen, Junge! Es gibt Arbeit zu tun, und zwar reichlich!«

Gott aber kannte Williams Wunsch, und er ermöglichte es ihm, zur Kirche zu gehen. Familie Wells wurde für einige Zeit zu Freunden eingeladen; also packten sie die Koffer und zogen los, um ein paar Tage zu verreisen. Dadurch war in der Küche kaum noch etwas zu tun und William konnte am Sonntagmorgen zur Kirche gehen.

William saugte jedes Wort des Predigers begierig auf. Pastor Richmond predigte über den Kerkermeister von Philippi, der sich zu Jesus bekehrte und sich taufen ließ (Apostelgeschichte 16,25-34). William wünschte sich, auch getauft zu werden und einer Gemeinde anzugehören, wo Gottes Wort gelehrt wird.

Als die Familie heimkam, fragte William den Kapitän, ob er getauft werden und jeden Sonntag zur Kirche gehen dürfe. Sein Herz pochte. Was wäre, wenn der Kapitän es verbieten würde?

»Das wird nicht schaden«, sagte der Kapitän, »aber der Butler wird von dir erwarten, dass du deine Arbeit erledigt hast, bevor du gehst. Du musst sehr früh aufstehen, William.«

»Ja, Herr; das werde ich gerne tun!«, sagte William froh und eifrig. »Herr, wenn es kein Problem macht, könnten Sie bitte den Pastor fragen, ob er mich taufen würde?«

»Bedeutet dir das so viel?«, fragte der Kapitän ein wenig überrascht.

»Ja, Herr; ich wünsche mir so sehr, ein Christ zu sein«, antwortete William ernst.

»Nun, du bist mir ein sehr guter Diener, William. Ich will morgen mit Pastor Richmond sprechen, wenn ich ins Dorf gehe.«

»O vielen, vielen Dank!«, rief William aus. Und er fügte flüsternd hinzu: »Dank sei dir, Herr Jesus.«

Der Kapitän sprach mit dem Pastor und vereinbarte für den folgenden Nachmittag ein Treffen mit William. Pastor Richmond freute sich über Williams Besuch. Er stellte ihm viele Fragen und erfuhr so seine Geschichte. Der Geistliche war von dem schlichten, ernsten Glauben dieses jungen Afrikaners sehr angetan.

Ein paar Tage später machte Pastor Richmond sich auf den Weg, um William im Haus von Familie Wells zu besuchen. Die Straße schlängelte sich die Küste entlang. Es war eine schöne Aussicht. Der Pastor stieg von seinem Pferd und ging zum Rand der Kreidefelsen an der Steilküste. Als er heruntersah, konnte er sehen, wie die Wellen an die Felsen schlugen. Unter ihm flogen Papageitaucher, eine besonders schöne Vogelart, von und zu den Nestern, die sie in Höhlen in den Klippen gebaut hatten. Da entdeckte Pastor Richmond links von ihm, dass auf einem der großen Felsen unter ihm jemand saß, der ein Buch in der Hand hielt. Der Pastor lächelte. Es war sein afrikanischer Freund. Vorsichtig stieg er die Klippe über eine Art Treppe hinab, die Fischer und Hirtenjungen behelfsmäßig in den Felsen gehauen hatten.

William bemerkte den Prediger erst, als der schon fast neben ihm stand.

»Herr Pastor! Ich freue mich sehr, Sie zu sehen!«

»Ich freue mich zu sehen, dass du in deiner Bibel liest. Das ist ein gutes Zeichen«, bemerkte der Pastor, als er sich neben William hinsetzte.

»Ja, mein Herr; sie zeigt, dass Gott gut zu mir ist; aber ich bin niemals gut zu Gott.«

»Wie kommt das?«, fragte der Pastor.

»Ich danke ihm nie genug, obwohl er mir doch all diese guten Dinge gegeben hat. Ich fürchte, mein Herz ist sehr böse. Ich denke, es gibt niemanden wie mich, der meint, dass er ein so böses Herz hat wie ich.«

»William«, erklärte der Pastor, »was du meinst, denkt jeder echte Gläubige, der erkennt, wie überaus groß seine Sünde und wie überaus groß der Preis ist, den Jesus Christus dafür gezahlt hat, um die Sünden zu sühnen. So heißt es auch in einem Lied, das wir manchmal singen: ›Ich bin der schlimmste aller Sünder, doch Jesus starb für mich.‹«

»O ja, mein Herr; ich glaube, dass Jesus für mich starb. Was sollte sonst aus einem bösen Sünder werden, wenn Christus nicht für ihn gestorben wäre? Aber er starb für den schlimmsten aller Sünder, und das macht mein Herz sehr froh.«

»Was liest du gerade in der Bibel, William?«

»Ich lese, wie der Verbrecher am Kreuz mit dem Herrn Jesus am Kreuz neben ihm sprach und Jesus mit ihm. Nun, das Gebet dieses Mannes passt genau auf mich: ›Herr, denke an mich.‹ – Jeden Morgen und manchmal auch nachts bete ich: ›Herr Jesus, denke an mich, den Sünder.‹ Wenn mir keine Worte einfallen, dann sage ich wieder: ›Herr Jesus, denke an mich, den Sünder.‹«

»Du darfst sicher sein, William, dass der Herr dieses Gebet erhört. Er wird niemanden hinausstoßen, der zu ihm kommt.«

»Ich glaube das, mein Herr; aber es gibt so viele Sünden in meinem Herzen! Das macht mir Angst und macht mich traurig. Sehen Sie, wie fest diese Schnecken und Muscheln an diesen Felsen haften? Genau so fest klebt die Sünde an meinem Herzen.«

»Das mag wohl so sein, William«, antwortete der Pastor; »aber denke einmal hierüber nach: Wenn du zu Jesus Christus gehörst, dann hängst du so fest an ihm wie diese Napfschnecken* an den Felsen, so dass weder Wellen noch Stürme dich von seiner Liebe trennen können.«

»Ach, genau danach sehne ich mich!«, rief William mit Tränen in den Augen. »Ich würde alles auf der Welt dafür geben, wenn ich es hätte, um ohne Sünde zu sein und an Jesus zu hängen!«

»Dann komm und glaube an Jesus Christus, mein Freund«, sagte Pastor Richmond freundlich. »Sein Blut macht von aller Sünde rein. Er gab sich als Lösegeld für Sünder hin. In Jesaja 53,4-5 steht über ihn: ›Ja, unsere Leiden – *er* hat sie getragen, und unsere Schmerzen – *er* hat sie auf sich geladen. Wir aber, wir hielten ihn für bestraft, von Gott geschlagen und niedergebeugt. Doch er war durchbohrt um unserer Vergehen willen, zerschlagen um unserer Sünden willen. Die Strafe lag auf ihm zu unserm Frieden, und durch seine Wunden sind wir geheilt‹ (Jesaja 53,4-5). Komm zu Jesus, dem Retter der Sünder!«

»Ja, Herr Pastor«, antwortete William weinend, »ich will ja kommen, aber ich komme nur ganz, ganz

* Napfschnecken heißen so, weil ihr Haus nicht wie bei anderen Schnecken spiralförmig gedreht ist, sondern wie ein Napf aussieht, der umgedreht auf ihrem Rücken liegt. Sie leben in der Meeresbrandung auf Felsen, von denen sie Algen abfressen. An ihrem Bauch haben sie einen starken Saugfuß, mit dem sie sich so sehr festsaugen, dass auch die stärksten Wellen sie nicht herunterreißen können.

langsam. Aber ich möchte zu Jesus rennen, ja fliegen! Jesus ist sehr gütig zu mir, dass er Sie mir sendet, um mir all das zu sagen.«

Als es Zeit war zu gehen, fragte Pastor Richmond William, ob er sich gerne einer Gruppe Christen anschließen möchte, die sich mittwochabends zum Bibelstudium und Gebet treffen. William sagte natürlich, dass er das sehr gerne täte.

Doch als der Mittwochabend kam, war William sich nicht mehr sicher, ob er überhaupt kommen solle. Als Pastor Richmond ihn abholen wollte, sagte er zu ihm: »Herr Pastor, ich bin nicht gut genug, um mit so guten Leuten zusammen zu sein. Ich bin ein großer Sünder. Sie sind alle gute Christen.«

»Wenn du sie fragen würdest, William«, lächelte der Pastor, »würden sie dir alle sagen, dass sie schlimmer als alle anderen sind. Du wirst zu einer Gruppe kommen, die aus keinen anderen Leuten besteht als aus lauter Sündern, die gerne von der Erlöserliebe sprechen und Loblieder von ihr singen. Und ich bin sicher, dass du in dieses Lied gerne einstimmen möchtest!«

»O ja, dieses Lied ist sehr gut für mich!«

Die kleine Gruppe hieß William herzlich willkommen. Jeder von ihnen hatte ein freundliches Wort für ihn. »Herr Pastor«, sagte William mit Freudentränen, »ich weiß nicht, was ich diesen guten Freunden sagen soll. Ich glaube, dies ist fast wie der Himmel auf Erden!«

Gegen Ende des Abends erklärte der Pastor, dass William getauft werden möchte und dass er ihm gerne ein paar Fragen stellen wollte, um zu sehen, ob er dafür schon bereit ist oder noch nicht. Pastor Richmond stellte ihm viele Fragen, zuerst ganz einfache und dann auch schwierigere.

»Was bedeutet es zu glauben?«

»Ich nehme an«, antwortete William nachdenklich, »es bedeutet, oft über Jesus Christus nachzudenken; ihn sehr zu lieben; zu glauben, dass alles wahr ist, was er sagt; viel zu ihm zu beten; und wenn ich mich sehr schwach und sündig fühle, daran zu denken, dass er sehr stark und gut ist – und dass er all das für mich ist.«

»Und meinst du, du hast diesen Glauben?«

»Ach, Herr Pastor, manchmal denke ich, ich hätte überhaupt keinen Glauben!«

»Warum das, William?«

»Wenn ich über Jesus Christus nachdenken will, schweift mein Verstand zu anderen Dingen ab, und wenn ich ihn lieben will, kommt mir mein Herz recht kalt vor. Wenn ich glauben will, dass alles wahr ist, was er Sündern zusagt, dann denke ich, es gilt nicht mir. Wenn ich beten will, dann gibt mir der Teufel böse Gedanken ein, und ich danke Christus nie genug. Nun, all das macht mir manchmal Angst, dass ich überhaupt keinen Glauben habe.«

»Ich denke«, sagte Pastor Richmond lächelnd, »ich kann beweisen, dass du tatsächlich Glauben hast. Bist du von selbst auf den Gedanken gekommen, dich als großen Sünder zu sehen und zu merken, dass du einen Retter brauchst?«

»O nein! Das geschah, als ich nicht auf diese Idee gekommen wäre und mir das eigentlich ganz egal war. Der gute Gott tat das in mir; ich hätte das nie selbst tun können, da bin ich mir sicher!«

»Denkst du, dass Jesus Christus und seine Rettung das Wichtigste und Großartigste sind, was ein Mensch bekommen kann?«

»O ja!«

»Glaubst du, dass er dich retten kann?«

»Ja, er kann vollkommen und für immer retten.«

»Denkst du, dass er dich nicht retten will?«

»Ich wage nicht, das zu sagen. Er ist so gut, so gnädig und so freundlich, dass er niemanden hinausstößt, der zu ihm kommt.«

»Möchtest du seine Gebote halten?«

»Ja, Herr Pastor, weil ich ihn liebe, und deshalb möchte ich tun, was er sagt.«

»Bist du bereit, für Jesus zu leiden, wenn Gott das will?«

»Ich glaube, ich habe ihn so lieb, dass ich für ihn sterben würde! Er hat nicht gezögert, für seine Feinde wie mich zu sterben. Warum sollte ein schlimmer Sünder zögern, für einen so guten und gerechten Retter zu sterben?«

Die Leute in dem Bibelkreis waren von Williams eindeutiger und tiefer Liebe zu Jesus sehr bewegt.

»William, ich denke, dein Glaube hat dich gerettet«, sagte Pastor Richmond; und dann beschloss man den Abend, indem man Gott mit diesem Lied lobte:

Sieh, ein Fremder ist zu seh'n:
Er ist schwarz, doch er ist schön.
Stimm ein in die Chöre droben,
die des Heilands Liebe loben!
Freund, du bist willkommen gern;
Furcht und Zweifel sei'n dir fern!
Du, der Christi Heil erweist,
die Erlöserliebe preis!

Am folgenden Sonntag wurde William getauft. Diesen Tag vergaß er nie. Bald darauf brach er mit Kapitän Wells zu einer weiteren Reise auf. Pastor Richmond sah ihn nie wieder und fragte sich oft, was wohl aus ihm geworden ist; aber er betete immer für diesen geliebten Bruder in Christus, der auf eine so erstaunliche Weise gerettet wurde.

Frage: Woher wusste William, dass Christus auch ihn retten will?
Schriftlesung: Römer 8,31-39
Anregungen zum Gebet:
* Bitte Gott, deine Wünsche so zu verändern, dass sie seinem Willen entsprechen. Bitte ihn, dir das Verlangen zu schenken, Zeit mit ihm, mit anderen Gläubigen und mit seinem Wort zu verbringen.

- Bitte Gott, dich von der Sklaverei der Sünde zu befreien und dich zu seinem Kind zu machen. Bete zu ihm, dass er dich nicht nur von deiner Sünde überführt, sondern dir auch die Wahrheit über seine Liebe und seine Heiligkeit verdeutlicht.

23. Vertraue auf den Herrn!

Bobby sah besorgt zu seiner Mutter auf und bat sie ernst: »Weine nicht, Mami!«

»Bobby, wir sind in großer Not«, antwortete seine Mutter. »Papi hat uns verlassen und gesagt, dass er nie mehr zurückkommen werde!«

Mrs. Smiths Tränen tropften auf ihr Baby, das sie gerade stillte. Sie hatte fünf weitere Kinder, die jünger als der achtjährige Bobby waren. Der Vater war seit einiger Zeit arbeitslos gewesen; jetzt hatte er sie gerade verlassen. Was sollte sie tun? Sie waren so arm! Wer würde für sie sorgen?

»Mami«, sagte Bobby, »das ist sehr schlimm, aber Gott kennt unsere Not. Er wird uns helfen, wenn wir zu ihm beten. Ich habe eine Geschichte aus der Bibel gehört, wie Gott einer armen Witwe und ihren beiden Söhnen half.«

»Aber er liebt mich nicht, Bobby«, seufzte seine Mutter. »Ich bin nicht so gut wie ich sein sollte, und ich habe nicht viel an ihn gedacht. Nein, er liebt mich nicht«, sagte sie traurig.

»Der Herr ist so gut. Er ist die ganze Zeit gut zu uns gewesen!«, antwortete Bobby eifrig. »Wenn Emmie frech ist und sie, wenn du sie rufst, trotzdem draußen weiterspielt, statt zu kommen und schlafen zu gehen, dann liebst du sie doch auch immer noch, oder?«

»Ja, aber das ist etwas anderes«, sagte Mrs. Smith, »und du wirst sehen, Gott wird mir jetzt nicht helfen, wo ich in so großer Not bin.«

»Er wird, wenn wir ihn bitten!«, rief Bobby zuversichtlich. »Es steht in der Bibel in Matthäus 7! Wir haben es in der Sonntagsschule gelernt: ›Bittet, und es wird euch gegeben werden … Wenn nun ihr, die ihr böse seid, euren Kindern gute Gaben zu geben wisst, wie viel mehr wird euer Vater, der in den Himmeln ist, Gutes geben denen, die ihn bitten!‹ Mutter, lass uns ihn sofort bitten!«

»Nun, in Ordnung«, sagte Mrs. Smith und trocknete ihre Augen mit ihrer Schürze.

Bobby rief seine Geschwister zusammen und ließ sie mit gefalteten Händen niederknien. Dann knieten auch er und seine Mutter sich hin. »Nun bete, Mami!«, flüsterte Bobby. Aber Mrs. Smith bekam kein einziges Wort heraus. Es kam ihr vor, als hätte sie einen Riesenkloß im Hals. Es war schon so lange her, dass sie versucht hatte zu beten.

Also betete Bobby. »Lieber Gott, Papi hat uns verlassen. Bitte mach, dass er wieder nach Hause kommt. Hilf mir und Mami, Geld zu verdienen und Essen für die Kinder zu bekommen. Um Jesu Willen, amen.«

Mrs. Smith und die kleinen Kinder antworteten »Amen«. Dann sprangen die Kleinen auf und wollten sich schnell wieder mit etwas anderem beschäftigen. Auch Bobby stand auf, aber er sah sehr ernst aus. »Mami«, sagte er, »mein Lehrer sagt, wir müssen unser

Bestes geben und hart arbeiten. Ich muss genauso fleißig arbeiten wie beten.«

»Aber Bobby, was könntest du tun?«, fragte seine Mutter.

»Ich kann Streichhölzer oder Zeitungen verkaufen«, antwortete er aufgewühlt.

»Auf der Straße?«, rief Mrs. Smith. »O mein Junge, ich habe immer versucht, dich von der Straße fernzuhalten!«

»Gott ist überall, Mami. Ist er denn nicht auch auf der Straße?«, fragte Bobby erstaunt.

»Ja, natürlich. Nun, wir haben keine andere Wahl; also musst du auf der Straße arbeiten. Ich habe nur noch zwei Münzen übrig, Bobby. Du kannst eine davon nehmen und schauen, was du tun kannst.« Mrs. Smith seufzte hilflos und frustriert, als sie zusah, wie ihr geliebter kleiner Sohn loszog, um nach Arbeit zu suchen.

Bobby hingegen freute sich sehr. Einer seiner Freunde verkaufte bereits Zeitungen auf der Straße und konnte dadurch 44 englische Cent pro Abend verdienen, was damals reichte, um für etwa einen Tag Essen zu kaufen. Das wollte Bobby jetzt auch tun.

Bobby hatte eine klare, durchdringende Stimme und wurde überall, wohin er mit seinen Zeitungen ging, weithin gehört. Er zog stolz die Straße entlang und sang wie die anderen Zeitungsjungen den Namen der Zeitung vor sich her. Abend für Abend verdiente er so Geld für seine Mutter.

Jeden Abend, bevor er zur Arbeit aufbrach, versammelte Bobby seine Mutter und seine Geschwister um sich. Er las dann aus der Bibel vor und sagte Texte auf, die er in der Sonntagsschule auswendig gelernt hatte. Dann bat er Gott um seine Hilfe und seinen Schutz. Er betete außerdem, dass Gott ihren Vater retten und wieder zu ihnen zurück bringen möge.

So ging es eine ganze Zeit lang. Eines Abends aber fing es an, in Strömen zu regnen. Mrs. Smith versuchte Bobby zu überreden, zu Hause zu bleiben; aber sie brauchten das Geld so dringend, dass sie ihn schließlich doch zögernd gehen ließ.

Als er zurückkam, war er bis auf die Haut nass und durchgefroren. Mrs. Smith steckte ihn schnell ins Bett. Er bekam hohes Fieber und redete im Schlaf. Am nächsten Tag ging es ihm noch schlechter, und er konnte nicht einmal mehr seinen Kopf vom Kissen heben. In der folgenden Nacht wachte seine Mutter bei ihm, denn er schien kaum noch bei Bewusstsein.

In der langen, stillen Nach dachte Mrs. Smith über die Geschichten und Bibeltexte nach, die Bobby in der Sonntagsschule gelernt hatte, und sie bat Jesus, den großen himmlischen Arzt, ihren Jungen zu heilen und ihn ihr wiederzugeben.

Am frühen Morgen öffnete Bobby die Augen und erkannte seine Mutter. Aber seine ersten Worte waren: »Mami, höre ich da wirklich Papi?«

Mrs. Smith sah auf und sah voll Erstaunen, wie ihr Mann den Raum betrat.

»Ester«, sagte er zu seiner Frau, »es tut mir sehr leid, dass ich ein so schlechter Ehemann war. Aber durch Gottes Gnade bin ich jetzt ein neuer Mensch. Mehr noch: Ich habe eine sehr gute Arbeitsstelle gefunden – Gott sei Dank! Aber was ist das? Ist Bobby krank?«

»Bobby wird wieder gesund«, rief Mrs. Smith und fiel ihrem Mann um den Hals. »Lass uns Gott dafür danken!«

Mann und Frau knieten zusammen neben Bobbys Bett nieder und dankten Gott mit zitternder Stimme für seine Güte.

Frage: Kennst du eine biblische Geschichte, in der Gott einer Witwe und ihrem Sohn hilft?

Schriftlesung: 2. Könige 4,1-7

Anregungen zum Gebet:

✶ Bitte Gott, dir Gewissheit darüber zu geben, dass er dich liebt. Danke ihm dafür, dass er seinen Sohn sandte, um am Kreuz für uns zu sterben, damit wir gerettet werden. Bitte ihn, dir zu schenken, dass du in diesem Glauben und in der Erkenntnis von Gottes Liebe und Gnade noch weiter wächst.

❖ Bitte Gott, dir zu vergeben, dass du an seiner Macht und vielleicht sogar an seiner Existenz gezweifelt hast. Bete, dass er dir beim Lesen seines Wortes klar macht, wer er ist, und dass er dich von der Sünde des Zweifels überführt.

24. Weißer als Schnee

In einem schönen Schloss in England lebte einst ein Graf, der kein Christ war und auch nie zur Kirche ging.

Er hatte eine süße kleine Tochter, die etwa sechs Jahre alt war. Ihr Name war Alberta. Sie war die Herzensfreude ihres Vaters.

Eines Tages war sie mit ihm allein in der Bibliothek und spielte, während er am Schreibtisch saß und Schreibarbeiten erledigte. Plötzlich hörte sie auf zu spielen, stand auf und stellte sich neben ihren Vater. Sie sah ihm ernst ins Gesicht und fragte: »Papi, kennst du irgendetwas, das weißer ist als Schnee?«

»Nein, mein Schatz«, antwortete er lächelnd, »es gibt nichts, was weißer ist als Schnee.«

»O doch, das gibt es!«, rief Alberta aus.

»Und was sollte das sein?«, fragte ihr Vater, während er seinen Stift beiseitelegte und ihre kleinen Hände nahm.

»Papi, wer im Blut des Herrn Jesus reingewaschen wurde, der ist weißer als Schnee!« (Das steht in der Bibel zum Beispiel in Psalm 51,9.)

Der Graf war über diese Antwort erstaunt und sie gefiel ihm gar nicht. Er hatte sein Kind nie im christlichen Glauben belehrt und wollte auch nicht, dass Alberta woanders etwas über den Glauben lernte.

»Wer hat dir das gesagt, mein Kind?«, fragte er und versuchte, nicht zornig zu klingen.

»Mein Kindermädchen Mary«, antwortete sie.

Als Alberta den strengen Blick ihres Vaters sah, fragte sie: »Bist du mir böse, Papi?«

»Nein, ich bin dir nicht böse, mein Schatz. Ich will nur nicht, dass man dir einen solchen Unsinn beibringt. Mary wird uns verlassen müssen.«

Als Alberta das hörte, begann sie zu weinen und flehte ihren Vater an, Mary nicht zu entlassen, doch der Entschluss des Grafen stand fest. Er läutete die Glocke und ein Diener erschien. »Sag Mary, sie soll auf der Stelle zu mir kommen!«, befahl er.

Bald darauf erschien das Kindermädchen in der Bibliothek.

»Sag mir, Mary«, sprach er in scharfen Tonfall, »hast du meinem Kind etwas von Jesus gesagt?«

»Ja, Sir, das habe ich«, antwortete sie.

»Ich kann nicht zulassen, dass du meinem Kind so etwas beibringst!«, rief er. »Geh zum Verwalter und lass dir den Lohn auszahlen, der dir noch zusteht, und dann verlasse das Schloss innerhalb einer Stunde!«

»Ja, Sir, ich werde gehen, wie Sie wünschen, aber ich werde jeden Tag für Sie und Ihre Tochter beten«, antwortete Mary ruhig. Dann umarmte sie Alberta fest und verließ die Bibliothek.

Kurze Zeit später besuchte ein Prinz für einige Tage den Grafen in seinem Schloss. Jeder im Schloss fühlte sich geehrt, dass der Prinz sie besuchte, und jeder tat sein Bestes, um ihm die beste Gastfreundschaft zu erweisen.

An einem Tag nun saß der Prinz zusammen mit dem Grafen in der Bibliothek. Alberta war auch wieder dort und spielte mit ihrer Puppe. Der Prinz rief sie zu sich und nahm sie auf den Schoß. Er plauderte mit ihr und sagte, er vermisse sehr seine eigenen kleinen Kinder, die er bei sich zu Hause gelassen hatte. Da sah sie ihn mit ihren sanften braunen Augen an und fragte: »Hoheit, kennen Sie etwas, das weißer ist als Schnee?«

»Nein, meine Liebe«, antwortete er freundlich, »ich habe nie von etwas gehört, das weißer ist als Schnee. Weißt du denn, ob es so etwas gibt?«

»O ja, Hoheit! Wer im Blut des Herrn Jesus reingewaschen wurde, der ist weißer als Schnee!«

Daraufhin wurde es in der Bibliothek mucksmäuschenstill. Weder der Prinz noch der Graf wussten, was sie sagen sollten. Aber diese Worte wirkten seltsam auf Albertas Vater. Plötzlich verlor für ihn all sein Reichtum seinen Glanz. Sein Leben erschien ihm so leer. In seinem Herzen erwachte ein sehnsüchtiges Verlangen, reingewaschen zu werden; und als er eine Bibel fand, begann er, sie zu lesen und zu beten. Er fühlte sich auch schlecht, weil er Mary weggeschickt hatte. Er schrieb ihr einen Brief, in dem er sie bat, zurückzukommen. Er sagte ihr darin, dass sie nicht nur mit dem Kind, sondern auch mit ihm selbst über das Blut Jesu Christi sprechen müsse.

Wie froh war Mary, als sie den Brief las! Wie sehr hatte sie für den Grafen gebetet, dass er zu Jesus umkehrt! Freudig ging sie auf das Schloss zurück und machte sich wieder an ihre Arbeit, während sie im Herzen still betete. Der Graf und seine Tochter suchten Gottes Gnade und fanden sie. So kamen sie zum Glauben an den Herrn Jesus, wie auch schon Mary vor ihnen. Sie entdeckten, dass es wahr ist: Wer im Blut Jesu gewaschen ist, ist weißer und schöner als Schnee.

Frage: Woher wusste Mary, dass jemand, der mit dem Blut Jesu von seinen Sünden gewaschen ist, weißer als Schnee ist?

Schriftlesung: Hebräer 9,16-21

Anregungen zum Gebet:

✶ Danke Gott dafür, dass seine Macht einen schlimmen Sünder in einen Gott gehorsamen Nachfolger Jesu verwandeln kann. Bete, dass er auch dich weiter im Glauben stark werden lässt.

❖ Bete zu Gott, dass er dir zeigt, was für ein finsteres, schmutziges, sündiges Leben du führst, und bitte ihn, dass er dich zur Umkehr führt und dir die Sehnsucht gibt, von ihm gerettet zu werden.

25. Das Gebet des kleinen Kaminkehrers

In einem vergangenen Jahrhundert mussten einige Kinder in einer Sonntagsschulklasse während der Woche so schwer arbeiten, dass sie manchmal sogar vergaßen zu beten. Der zehnjährige Peter musste als Kaminkehrer sehr hart arbeiten; darum fragte ihn sein Lehrer: »Peter, betest du überhaupt?«

»O ja, Sir!«, antwortete er.

»Und wann betest du? Du musst doch jeden Morgen sehr früh aufstehen, oder?«

»Nun, ich bin noch halb am Schlafen, wenn ich aus dem Haus gehe. Ich denke dann zwar über Gott nach, aber ich kann nicht behaupten, das wäre richtiges Beten. Wissen Sie, unser Meister befiehlt uns, den Schornstein möglichst schnell hinaufzuklettern, aber wenn wir oben angekommen sind, dürfen wir uns ein wenig ausruhen. Dann setze ich mich oben auf den Rand des Schornsteins hin und bete.«

»Und was betest du?«

»Nur wenig. Ich kenne keine schönen Worte, die ich zu Gott sagen kann. Meist wiederhole ich nur einen Vers, den ich in der Schule gelernt habe.«

»Und welcher Vers ist das?«

Peter antwortete ernst: »Herr Jesus, sei mir Sünder gnädig!«

Frage: Ist das Gebet des Zöllners auch dein Gebet? Bete, dass Gott es wahrhaftig dazu macht!

Schriftlesung: Lukas 18,9-14

Anregungen zum Gebet:

✶ Bitte Gott, dir gnädig zu sein und dir die Sünden zu vergeben, die du heute oder gestern getan hast. Bitte ihn, dir zu helfen, aus Fehlern ebenso zu lernen wie aus seinem Wort, und dass du ihm künftig gehorsam bist.

❖ Bitte Gott, dir deine Sünden zu zeigen und dir zu verdeutlichen, dass du in Demut zu ihm kommen musst, damit er dir vergibt. Bitte ihn, dir klarzumachen, dass nichts in dir ist, was dich würdig macht, gerettet zu werden, und dass alle guten Gaben allein von Gott kommen.

26. Willies Krankheit

William James Carpenter, genannt Willie, war ein fröhliches Kind und immer eifrig bemüht, seinen Eltern zu gefallen. Er war sehr sensibel, das heißt, er reagierte empfindlich auf viele Dinge und fing schnell an zu weinen. Wenn man ihm eine traurige Geschichte erzählte, kamen ihm dabei Tränen in die Augen. Wenn er etwas Falsches getan hatte, ermahnten seine Eltern ihn anhand des Wortes Gottes in aller Sanftmut, aber selbst dann musste er weinen. Er war auch ein ehrlicher Junge.

Willie las gerne nach dem Frühstück einen Abschnitt aus der Bibel. Als sein Vater eines Morgens nach Hause kam und bemerkte, dass Willie und seine Mutter beide weinten, fragte er, was los sei. Mrs. Carpenter antwortete: »Willie hat heute früh etwas Böses gesagt und das hat mich sehr traurig gemacht. Ich habe Willie gesagt, dass Gott alles hört, was wir sagen, und dass er alles sieht, was wir tun. Er hat gehört, was Willie gesagt hat, und es hat ihm missfallen.«

Willie hatte es nicht verkraften können zu sehen, dass seine Mutter weinte, und so war auch er in Tränen ausgebrochen.

Mr. Carpenter sagte kaum etwas, während er frühstückte. Als er mit dem Essen fertig war, sagte er zu Willie: »Willie, ich möchte, dass du die Bibel auf-

schlägst und aus dem Buch der Sprüche das 4. Kapitel vorliest. Fang bitte bei Vers 14 an.«

Willie begann zu lesen: »Begib dich nicht auf den Pfad der Gottlosen und gehe nicht einher auf dem Wege der Bösen! Meide ihn, gehe nicht auf ihn hinüber! Wende dich von ihm ab und gehe daran vorüber!«

Während er las, bat sein Vater ihn, kurze Pausen zu machen und erklärte dann, worin sich gläubige Christen von Ungläubigen und Gottlosen unterscheiden. Der Vater sagte, was für schlimme Folgen es hat, wenn man sich mit gottlosen Freunden zusammentut und von ihnen lernt, ihre bösen Worte und Verhaltensweisen nachzuahmen.

Als Willie schließlich zu Vers 24 kam, stockte seine Stimme: »Leg schlechtes Reden ab und hör auf, ein Lästermaul zu haben!« Einige weitere Worte schaffte er noch zu lesen, bis er schluchzend aufgab und nicht weiterlesen konnte. Schließlich sagte er: »Papi, lies du zu Ende. Ich kann nicht mehr.«

Gott deckte durch sein Wort Willies Schuld auf, was weit besser wirkte als alles andere, womit sein Vater ihn hätte bestrafen können. Nie wieder sagte Willie so böse Worte, wie er es zuvor an jenem Morgen getan hatte.

Im Juni 1903 brach unter den Kindern der Gegend eine schlimme, sehr ansteckende und oft tödliche Krankheit aus, die Diphtherie. Viele Kinder kamen ins Krankenhaus und manche von ihnen starben.

Willie schien gesund zu sein und spielte fröhlich mit seinen Freunden. An einem Abend im Juli aber fühlte er sich schlapp und klagte über Kopfschmerzen. Er hatte Fieber; darum ließ seine Mutter ihn am nächsten Tag im Bett. Mr. Carpenter versuchte, seine Frau zu beruhigen und versicherte ihr, in ein paar Tagen würde es Willie schon besser gehen. Am Sonntag aber begann Willie über Halsschmerzen zu klagen. Das machte Mrs. Carpenter Angst, denn solche Halsschmerzen waren ein Anzeichen für Diphtherie. Sie ließ sofort den Arzt kommen. Nachdem er Willie untersucht hatte, stellte der Arzt mit ernster Stimme fest, dass Willie die schlimmste Form von Diphtherie hatte und sofort ins Krankenhaus musste.

Willie war einverstanden, in Krankenhaus zu kommen, doch dann bekam er Angst. Er bat seine Mutter, ihm Psalm 23 und 24 vorzulesen. Dann betete sie laut mit ihm. Willie flüsterte: »Mami, sag Papi, dass er auch für mich beten soll.«

Mr. Carpenter war sehr überrascht, dass Willie doch so schwer krank war. Aber er glaubte nie, dass sein Sohn sterben würde. Er wusste jedoch, dass jetzt ernstes Gebet nötig war.

Kurz bevor Willie ins Krankenhaus gebracht wurde, saß sein Vater neben Willie am Bett. Willie sah sehr traurig aus. Als Mr. Carpenter ihn fragte: »Möchtest du, dass wir für dich beten?«, antwortete Willie: »Ja!«

Mr. Carpenter sagte ihm darauf: »Du weißt, mein lieber Junge, dass weder Mamis noch Papis Gebete dich letztlich in den Himmel bringen können. Du musst auch selber beten. Versuche, Gott zu bitten, dass er macht, dass du beten kannst. Jesus ist der gute und weise Arzt. Er ist der beste Arzt. Er allein kann dich gesund machen. Bitte ihn, dich zu segnen und dir ein neues Herz zu schenken.«

Der Junge dachte viel über die Worte seines Vaters nach. Einige Tage später fragte ihn eine Krankenschwester, ob er bete. Er antwortete nur: »Ich versuche zu tun, was mein Papi mir gesagt hat.«

Obwohl der Arzt alles tat, was er konnte, ging es dem Jungen immer nur noch schlechter.

Am Samstagmorgen bekam Mrs. Carpenter eine Nachricht, dass sie und ihr Mann auf der Stelle kommen sollten, wenn sie Willie noch einmal lebend sehen wollten. Als sie im Krankenhaus eintrafen, sahen sie, dass er völlig entkräftet und leichenblass aussah. Als er seine Eltern sah, lächelte er schwach. Er schien traurig und sehr aufgewühlt zu sein, als er sah, wie sehr es seinen Vater und seine Mutter schmerzte, ihn leiden zu sehen. Es war ein sehr bewegender Anblick. Selbst die Krankenschwestern mussten sich Tränen abwischen, denn sie alle hatten diesen stillen, nachdenklichen Jungen sehr lieb.

Willie bat seine Eltern, für ihn zu beten, und sagte, dass er auch selbst versucht hatte zu beten. In der Nacht hatte eine der Krankenschwestern gehört, wie er versucht hatte zu singen und ihr zu sagen, dass er die Hoffnung habe, bei Jesus zu sein.

Mr. und Mrs. Carpenter blieben diesen Nachmittag und die ganze Nacht bei Willie. Am Sonntagmorgen ging es ihm noch schlechter und der Arzt war einverstanden, dass seine Eltern ständig bei ihm blieben. Wie sehr beteten und weinten seine Eltern vor dem Herrn! Sie flehten ihn an, ihr Rufen zu erhören und in seiner Gnade am Herzen ihres geliebten Sohnes zu wirken. Sie waren guter Hoffnung, dass er schon ein Kind Gottes war, aber sie wollten mehr Anzeichen dafür sehen, dass er ein neues Herz von Gott bekommen hatte. Darum fuhren sie fort zu flehen: »Herr, segne ihn. Vergib seine Sünden. Mach ihm und auch uns klar, dass er zu deinen Kindern gehört. Schenke ihm, dass er auch im Sterben ein klares Zeugnis ablegen kann. Hilf und stütze ihn im Todeskampf. Lieber Vater im Himmel, neige dein Ohr und erhöre unser Flehen. Du kannst es tun. Willie ist nicht zu jung dazu. Wir bitten dich um Jesu Willen. Amen.«

Willies Eltern litten mit ihm mit, wenn er vor Schmerzen stöhnte. Es war deutlich, dass sein Ende nahe bevorstand. Irgendwann fragte ihn sein Vater: »Willie, denkst du, du wirst in den Himmel kommen, wenn du stirbst?«

»Ich hoffe es«, antwortete Willie.

»Warum hoffst du es?«, prüfte ihn sein Vater.

Willie gab keine Antwort, aber sein Blick war ernst und vielsagend. Mr. Carpenter konnte ihn nur ermutigen, weiter zu Jesus zu beten. »Er allein kann dich zum Sterben bereit machen. Der Herr Jesus erhört auch kleine Kinder, wenn sie ernsthaft beten. Bete weiter, lieber Willie. Bitte Jesus, dich zu segnen und dir zu verdeutlichen, dass er für deine Sünden gestorben ist und dich zu diesem teuren Preis erkauft hat, damit du zu ihm in den Himmel kommst.«

So sehr sein Vater ihn liebte, so wenig wagte er doch, seinem Sohn den Glauben zu einfach und zu oberflächlich zu machen. Willies Vater wollte abwarten, dass Gott selbst den Glauben in Willies Herz bewirkte. Beide Eltern wussten, dass Willie von neuem geboren werden musste, um ins Reich Gottes zu kommen. Es ist ein Werk der Gnade, das allein Gott an unserem Herzen tun kann; und das ist auch bei einem zehnjährigen Jungen so.

Früh am Dienstagmorgen, am 20. Juli, saßen Mr. und Mrs. Carpenter wieder an Willies Bett. Sein Stöhnen vor Schmerzen zeigte, dass der Tod unmittelbar bevorstand. Seine Eltern flehten Gott an: »Wenn es dein Wille ist, dann lasse deine Gnade und Barmherzigkeit über Willie leuchten und nimm ihn zu dir.« Sie baten Gott, es deutlich zu machen, dass er wirklich selbst an Willies Herz gewirkt hatte.

Mrs. Carpenter verließ hin und wieder den Raum, weil sie es nicht ertragen konnte, ihr Kind so sehr leiden zu sehen. Willie sagte oft: »Ich kann nicht schlafen.« Nach einer Weile drehte er sich auf die linke Seite und lag still da. Als er merkte, dass seine Mutter fort war, rief er ängstlich nach ihr. Sofort war sie an seiner Seite. Dann versuchte er zu singen:

Führ' mich, Jesus, mein Erlöser,
auf dem Weg durch dürres Land.
Ich bin schwach, doch du bist mächtig;
halt mich fest mit starker Hand!
Brot des Himmels,
Brot des Himmels,
das all meinen Hunger stillt,
das all meinen Hunger stillt!

Es klang sehr undeutlich. Er wälzte sich auf die andere Seite; dann stieß er mit letzter Kraft und klarer Stimme einen schwachen Ruf aus: »Danke, Herr Jesus!« Nach kurzem weiteren Ringen und einigen schwachen Atemzügen war sein Leben zu Ende. Sein Geist ging in das Vaterhaus Gottes ein, wo der Herr Jesus viele Wohnungen bereitet. Dort im Himmel kam er zu der Festversammlung der Vielen, die Christus durch sein Blut reingewaschen und von ihren Sünden erlöst hat. Es war bemerkenswert, dass die Gemeinde genau zum Zeitpunkt seines Todes in der Kirche versammelt war, um für ihn zu beten. So erhörte Gott die Gebete der Gemeinde wie auch seiner Eltern.

Jetzt konnten sie nur noch weinen. Auch die Krankenschwestern konnten die Tränen nicht zurückhalten, als sie seine letzten Worte hörten und seinen letzten Atemzug sahen. Willies Eltern hatten ihr Kind sehr lieb, aber sie waren auch Gott sehr dankbar, dass er ihnen ein klares Zeichen für sein Wirken gegeben hatte.

Sie waren jetzt zuversichtlich, dass Willie ewig geborgen war, und konnten den Namen des Herrn preisen. Sie konnten mit David sagen: »Ich liebe den HERRN, denn er hat erhört meine Stimme und mein Flehen; denn er hat sein Ohr zu mir geneigt; darum will ich ihn anrufen mein Leben lang« (Psalm 116,1-2).

Frage: Wen brauchte Willie, um zum Sterben bereit zu sein? Wer gibt uns laut 4. Mose 6,22-26 Frieden? Welchen Trost gibt Hiob 19,25-27 Christen, wenn sie dem Tod ins Auge sehen?

Schriftlesung: 1. Samuel 3,1-10

Anregungen zum Gebet:

✶ Bete zu Gott, dass er dich zu einem guten Vorbild für andere macht, woran sie sehen, was er in deinem Leben gewirkt hat. Bitte ihn zu bewirken, dass du unerschrocken für Jesus Christus einstehst, und dass du, wenn du sterben musst, stark im Glauben und in Frieden mit Christus bist.

❖ Bitte Gott, dich von deiner Sünde zu überführen und dich bereit für die Ewigkeit zu machen, indem du auf seinen Sohn Jesus Christus vertraust.

Bibelstellenverzeichnis

Kapitel 1
Apostelgeschichte 19,1-9

Kapitel 2
4. Mose 22,21-35
1. Könige 17,1-6
2. Könige 4,1-7; 4,42-44
Hiob 39; Hiob 41,1-11
Psalm 68,6; 146,5

Kapitel 3
Matthäus 10,27-31

Kapitel 4
Psalm 91
Sprüche 29,25

Kapitel 5
Matthäus 6,26
Philipper 4,6

Kapitel 6
1. Könige 17,1-16

Kapitel 7
Psalm 115

Kapitel 8
Lukas 17,11-19

Kapitel 9
Jesaja 41,1-13

Kapitel 10
1. Samuel 23,13-29

Kapitel 11
Sprüche 3,1-12

Kapitel 12
Ester 8
Nehemia 8,10
Matthäus 21,22

Kapitel 13
Jeremia 31,1-14

Kapitel 14
Apostelgeschichte 9,10-19

Kapitel 15
Lukas 7,11-16

Kapitel 16
Nehemia 2
Matthäus 19,26
Hebräer 10,23
Jakobus 1,1-12

Kapitel 17
1. Samuel 5,1-6.16
Philipper 4,6-7

Kapitel 18
Römer 12,3-21

Kapitel 19
Apostelgeschichte 4,13-22
Jakobus 3,10

Kapitel 20
1. Timotheus 1,12-17

Kapitel 21
1. Mose 4,1-15

Kapitel 22
1. Mose 6,5
Hohelied 1,5
Jesaja 53,4-5
Römer 8,31-39

Kapitel 23
Matthäus 7,7.11
2. Könige 4,1-7

Kapitel 24
Hebräer 9,16-21

Kapitel 25
Lukas 18,9-14

Kapitel 26
4. Mose 6,22-26
1. Samuel 3,1-10
Hiob 19,25-27
Psalm 23+24; Psalm 116,1+2
Sprüche 4,14+24

Bibelstellenverzeichnis aller 5 Bände dieser Reihe

Die Bibelstellen können sich auch in den Fragen und Antworten finden.

Bibelbuch	*Kapitel, Vers*	*in Band*	*Geschichte Nr.*
1. Mose	3	Band 1	G3
	4,1-15	Band 5	G21
	6,5	Band 5	G22
	16	Band 3	G14
	16,1-14	Band 1	G18
	19,1-29	Band 3	G3
	37,23-28	Band 3	G10
	39	Band 3	G21
	41,1-45	Band 3	G15
	45,21-28	Band 4	G5
2. Mose	16,13-31	Band 3	G24
	18,18-20	Band 1	G10
	20	Band 1	G4, G5, G27
	20,7	Band 3	G26
	20,8-11	Band 3	G24
	20,15-16	Band 3	G22
	20,15-16	Band 1	G15
	33,7-11	Band 4	G3
3. Mose	19,12	Band 3	G26
	19,17-18	Band 1	G2
4. Mose	6,22-26	Band 5	G26
	22,21-35	Band 5	G2

Nehemia	2	Band 5	G16
	8,10	Band 5	G12
Esther	8	Band 5	G12
Hiob	19,25-27	Band 5	G26
	39	Band 5	G2
	41,1-11	Band 5	G2
Psalm	9	Band 2	G10
	9,7-14	Band 1	G27
	12	Band 1	G29
	18,30	Band 4	G31
	19	Band 1	G24
	19,8-12	Band 1	G29
	23+24	Band 5	G26
	27,10	Band 1	G32
	34	Band 2	G9
	34,11-22	Band 2	G19
	34,16.20.23	Band 3	G16
	34,17	Band 2	G9
	37,5	Band 1	G8
	40	Band 2	G26
	50,15	Band 3	G16
	50,17	Band 4	G4
	51	Band 2	G18
	51,11	Band 3	G23
	66,18	Band 1	G7
	66,20	Band 4	G9
	68,6	Band 5	G2
	68,1-10	Band 4	G13
	79	Band 1	G10
	79,8-9	Band 3	G1
	80,3	Band 3	G1
	89,1-10	Band 3	G5
	91	Band 3	G1

	3,1-20	Band 3	G1
	6,11	Band 1	G1
Hosea	14	Band 2	G20
Joel	1,3	Band 4	G6
Amos	8,11-14	Band 1	G23
Obadja	15	Band 3	G5
Jona	1+2	Band 4	G14
Micha	7,18	Band 4	G4, G24
Nahum	1,7	Band 2	G18
Habakuk	2,18-20	Band 2	G5
	3,2	Band 2	G19
Zephanja	2,12-13	Band 3	G31
	3,17	Band 1	G24
Haggai	1,12-13	Band 2	G17
Sacharja	3,2	Band 2	G12
Maleachi	3,16-18	Band 4	G10
Matthäus	1,21	Band 4	G9
	4,18-22	Band 2	G14
	4,6	Band 3	G1
	5,7	Band 3	G3
	5,34	Band 3	G26
	5,38-48	Band 2	G3
	6,5-15	Band 1	G9
	6,5-15	Band 3	G29
	6,13	Band 3	G1
	6,19-20	Band 3	G31
	6,19-21	Band 4	G16
	6,26	Band 5	G5
	6,33	Band 2	G16
	7,7.11	Band 5	G23
	7,12	Band 2	G8
	7,12	Band 3	G5
	7,13-14	Band 4	G23

	11,5-13	Band 4	G26
	12,48	Band 2	G17
	15,1-7	Band 4	G30
	15,7	Band 1	G24
	15,10	Band 1	G1
	15,11-23	Band 4	G21
	15,11-32	Band 2	G20
	16,19-31	Band 4	G18
	17,11-19	Band 5	G8
	18,9-14	Band 4	G6
	18,9-14	Band 5	G25
	18,13	Band 4	G6, G8
	18,15-17	Band 4	G27
	18,28-30	Band 3	G17
	21,1-4	Band 3	G20
	21,15	Band 4	G4
	22,17	Band 3	G29
	23,39-43	Band 2	G13
Johannes	1,14	Band 1	G31
	1,29-34	Band 3	G13
	3	Band 3	G23
	3,3	Band 1	G22
	3,16	Band 1	G31, G33
	3,17	Band 2	G22
	3,1-21	Band 4	G9
	3,36	Band 1	G31
	5,31-47	Band 1	G33
	6,1-14	Band 3	G28
	6,35	Band 1	G19
	6,37	Band 1	G33
	9,4	Band 4	G7
	10,11-18	Band 3	G12
	14,1-3	Band 2	G6

	4,7	Band 4	G19
	5,12	Band 3	G26
	5,13-15	Band 4	G20
	5,16	Band 3	G29
	5,16	Band 4	G6
1. Petrus	1,1-9	Band 1	G32
	2,2	Band 1	G19
	2,9	Band 2	G16
	2,18-25	Band 1	G1
	3,15	Band 4	G4
2. Petrus	1,2-4	Band 1	G11
	2,9	Band 2	G10
1. Johannes	1	Band 4	G1
	1,7	Band 1	G13, 16, 31, 33
	1,7	Band 4	G10
	1,9	Band 1	G7
	3,13-24	Band 1	G25
	3,22	Band 4	G6
	4	Band 1	G25
	4,10	Band 1	G1
	5,3	Band 3	G23
	5,12	Band 2	G22
2. Johannes	2	Band 1	G30
3. Johannes	4	Band 2	G25
	11	Band 3	G23
Judas	24	Band 3	G14
Offenbarung	3,20	Band 3	G23
	7,14	Band 5	G24
	21,1-6	Band 2	G6

Antworten

Kapitel 1

Er wusste, dass es seine Pflicht war zu predigen.

Kapitel 2

Sie warf ihre Sorgen im Gebet auf den Herrn. / Bileams Esel; die Wildziege; der Wildesel; der Wildstier; der Pfau; der Strauß; das Pferd; der Falke; der Adler; der Leviathan.

Kapitel 3

Sprecht darüber miteinander!

Kapitel 4

Um die Kranken zu besuchen und ihnen das Evangelium zu sagen.

Kapitel 5

Sprecht darüber miteinander!

Kapitel 6

Denke darüber nach!

Kapitel 7

An der Schöpfung erkennt jeder, dass es einen Schöpfer gibt, und aus der Bibel wissen wir, wie Gott ist:

dass er in Jesus auf die Welt kam, um verlorene Sünder zu retten (und vieles mehr).

Kapitel 8
Für die Ermahnung, die ihn zu Christus führte.

Kapitel 9
Weil sie ihr ganzes Vertrauen und alle Zuversicht auf Gott setzte.

Kapitel 10
An Elia und wie Gott ihn durch Raben versorgte.

Kapitel 11
Denke darüber nach!

Kapitel 12
Weil Gott es in seiner Vorsehung so gelenkt hatte, dass Bruce ihr Brot brachte. / Freude am Herrn.

Kapitel 13
Sprecht darüber miteinander!

Kapitel 14
Elia.

Kapitel 15
Daran, dass er sich an das Gebet erinnerte, das sie ihm früher beigebracht hatte.

Kapitel 16
Denke darüber nach! / Sprecht darüber miteinander! / Du kannst überall und jederzeit beten.

Kapitel 17
Auf Gott, der für alles sorgt.

Kapitel 18
Nein; vielmehr gewann er einen neuen Freund und lernte, Jesus Christus nachzufolgen.

Kapitel 19
Dass Fluchen gegen Gottes Gesetz verstößt und eine Sünde ist.

Kapitel 20
Sie und ihre Mutter glaubten beide an Jesus und wollten, dass auch er glaubt. / Gott benutzte die Worte des Mädchens, um das Gewissen des Strafgefangenen aufzuwecken und ihn daran zu erinnern, was er als Kind gelernt hatte.

Kapitel 21
Er war sehr verändert, denn er hatte gelernt, sein Temperament zu beherrschen und Verantwortung für sein Verhalten zu übernehmen.

Kapitel 22
Weil Jesus gnädig und freundlich ist und versprochen

hat: »Wer zu mir kommt, den werde ich nicht hinausstoßen« (Johannes 6,37).

Kapitel 23

Die Geschichte von Elia und der Witwe (1. Könige 17,9-24).

Kapitel 24

Die Bibel sagt das in Psalm 51,9 und Offenbarung 7,14.

Kapitel 25

Den Herrn Jesus. / Der HERR (also auch Jesus) / Sie wissen, dass Jesus Christus ihr Erlöser ist, der sie von ihren Sünden erlöst hat und lebt. Sie wissen, dass sie ihn sehen und zum ewigen Leben auferstehen werden.

Kapitel 26

Denke darüber nach!

Über die Verfasser

Dr. Joel R. Beeke ist Präsident des *Puritan Reformed Theological Seminary* und dort Professor für Systematische Theologie und Homiletik, außerdem ist er Pastor der *Heritage Netherlands Reformed Congregation* in Grand Rapids, Michigan, Herausgeber von *Banner of Sovereign Grace Truth*, leitender Redakteur bei *Reformation Heritage Books*, Präsident von *Inheritance Publishers* und Vizepräsident der *Dutch Reformed Translation Society*. Er hat etwa 50 Bücher verfasst bzw. herausgegeben, einschließlich zahlreicher Kinderbücher, und rund 1.500 Artikel in Büchern, Zeitschriften und Lexika veröffentlicht, die der reformierten Theologie verpflichtet sind. Er hat am *Westminster Theological Seminary* über die Theologie der Reformations- und Nachreformationszeit promoviert. Häufig hält er Gastvorlesungen an theologischen Seminaren und Vorträge auf reformierten Konferenzen rund um die Welt. Er und seine Frau Mary haben drei Kinder.

Diana Kleyn ist Mitglied der *Heritage Netherlands Reformed Congregation* in Grand Rapids, Michigan. Sie ist mit Chris verheiratet und Mutter von drei Kindern. Ihr besonderes Anliegen ist, Kindern zu helfen, die Lehren des Wortes Gottes zu verstehen und anzunehmen. Sie ist Autorin eines Kinderbuchs, das

Geschichten über Bekehrungen und das Leben als Christ enthält (*Taking Root and Bearing Fruit*). Zusammen mit Joel Beeke hat sie das Buch *Reformation Heroes* verfasst (»Helden der Reformation«), das die Lebensgeschichte von rund vierzig Persönlichkeiten der Reformation für Kinder ab zehn Jahren erzählt. Sie schreibt auch monatlich im Kinderteil des Magazins *The Banner of Sovereign Grace Truth*.

Danksagung

Dank sei zuallererst Gott dafür gebracht, dass er uns bei der Erstellung dieser Buchserie geholfen hat. Ohne ihn können wir nichts tun. Danken möchten wir ebenfalls James W. Beeke, der manches hilfreiche Material geliefert hat; Jenny Luteyn, die viele der Geschichten beigesteuert hat; Jeff Anderson für seine Zeichnungen sowie Catherine MacKenzie für ihre tüchtige und unschätzbare Redaktionsarbeit. Schließlich möchten wir auch unseren treuen Ehepartnern Mary Beeke und Chris Kleyn für ihre Liebe, Unterstützung und Ermutigung danken, die sie uns erwiesen, als wir über mehrere Jahre an diesen Büchern arbeiteten. Unser ernstes Gebet ist, dass der HERR durch diese Geschichten viele segnen möge.

Joel R. Beeke und Diana Kleyn
Grand Rapids, Michigan, USA

Gesamtüberblick über die Reihe

Die Reihe »Auf Fels gebaut« umfasst insgesamt folgende 5 Bände:

Band 1: Wie Gott durch ein Gewitter wirkte
»Für Gott leben« und »Der Wert der Heiligen Schrift«.
ISBN 978-3-935558-31-0

Band 2: Wie Gott die Piraten besiegte
»Erlebnisse in der Mission« und »Erstaunliche Bekehrungsgeschichten«. ISBN 978-3-935558-32-7

Band 3: Wie Gott durch eine Schneewehe rettete
»Gott ehren« und »Dramatische Rettungsaktionen«.
ISBN 978-3-935558-33-4

Band 4: Wie Gott bei Dürre einen Schirm sandte
»Treue Zeugen« und »Kindlich fester Glaube«.
ISBN 978-3-935558-34-1

Band 5: Wie Gott zur Rettung einen Hund schickte
»Gottes Fürsorge« und »Kindlich fester Glaube«.
ISBN 978-3-935558-35-8

Kristina Wedel

Großer Gott in kleinen Herzen

10 Vorlese-Geschichten mit Effekt

Hardcover Din A5, 99 Seiten
4-farbig illustriert
ISBN 978-3-945716-59-5
12,90 Euro (Stand Jan. 2023)

Erhört Gott meine Gebete? Was hilft bei schlechter Laune? Wer ist wirklich mutig?

In 10 Kurzgeschichten geht es um Fragen, die Kinderherzen beschäftigen.

Mit Humor, Spannung, aber auch nachdenklichen Tönen lädt dieses Buch dazu ein, auf die gemeinsame Suche nach Antworten zu gehen. Ein passender Bibelvers bietet eine Basis für Gespräche nach dem Vorlesen. Dabei bleibt es nicht nur bei einem Aha-Effekt …

Mit Illustrationen von Monika Penner. Für Kinder ab 5 Jahren.